ディープインパクト

衝撃の彼方

軍土門 隼夫

三賢社

2006年ジャパンカップ。直線大外を一気に伸びた

2006年有馬記念

ディープインパクト

衝撃の彼方

写真：畠中良晴
ブックデザイン：西　俊章

◉目次

はじめに

いつもの年なら、間違いなく京都競馬場にいるはずだった。

いつもの年の、他の関西圏のＧⅠのように、取材費を節約するためライターやカメラマン、編集者の仲間数人と早朝にどこかの駅に集合して、一台の車に乗り込んでいたはずだった。

日帰りの強行軍ということもあり、交代で仮眠をとって運転しながら新東名から伊勢湾岸道、新名神と突っ走る。京滋《けいじ》バイパスの久御山淀《くみやまよど》インターチェンジで降りて、京都競馬場に着くと、もう午前中のレースが行われている。外まで響いてくる場内実況を聴きながら、足早に駐車場を出て入場門へと急ぐ。胸が高鳴る。空はどこまでも青く晴れ渡っている。歴史的な出来事を目撃するのにふさわしい日になってよかったな、と嬉しくなる。そうなっていたはずだった。

でもその日、僕は家にいた。

二〇二〇年一〇月二五日、日曜日。菊花賞でコントレイルが勝利を収める瞬間を、僕は家のテレビで見ていた。

コロナ禍の影響により、ＪＲＡの開催では長く無観客競馬が続いていたが、この二週前からようやく観客を入れ始めていた。とはいえ数は相当絞られていて、この日の入場者数もわずか一〇一八人。取材できる記者やカメラマンも厳しく制限されており、通常の取材章を持っているだけでは取材どころか競馬場に入ることすらできなかった。

三月から始めていた『優駿』の連載記事「名馬の一生　ディープインパクト」は、この頃、まさに終盤に入っていた。物語の中のディープインパクトはすでに凱旋門賞で敗れ、帰国し、禁止薬物騒動に揺れ、ジャパンカップを勝ち、有馬記念を勝って引退し、種牡馬入りしていた。

この翌月、一一月の発売号に掲載されるのは連載の最後から二回目だった。種牡馬としてのディープインパクトと産駒《さんく》たちの活躍を中心に書いたその原稿は、もう編集者に渡してあり、あとは最終回のことを考えるだけになっていた。

物語ではこのあと、ディープインパクトは死ぬことになっていた。

実際に死んだのは一年三ヵ月前のことだったが、なんだかつい昨日のような気がした。物語が現実に追いつきそうになっていて、そのことは僕をどこか不安な、落ち着かない気分にさせていた。

最終回をどうやって着地させればいいのか、その時点ではさっぱりわからなかった。必要な取材や資料の整理はもちろん済んでいて、メモの延長線上ではあるが、半分くらいはすでに書き進めてもあった。時間はまだ余裕がある。でも、この物語が終わる形を、僕はまだ具体的にうまく想像できていないままだった。

画面の中で、コントレイルはまるで父ディープインパクトのように三〜四コーナーで上昇し、直線入口で抜け出そうとしていた。ただ、その外に一頭だけ、半馬身ほどの差でアリストテレスがぴったりと並ぶようについてきている。

競《せ》り合いながら後続を引き離す二頭。ディープインパクトなら、この形になれば、あとはもう圧勝するだけだった。でもコントレイルはアリストテレスを突き放せない。やっぱりディープインパクトとは違うのか。いや、そういえばディープインパクトだって、凱旋門賞ではこうやって最後は外からレイルリンクに差されていた。

半馬身ほどの差が、ほんの少し縮まる。アリストテレスがコントレイルを追い詰めていた。あるいは現場で生で観戦していたら、見た目よりはコントレイル自身には余裕があることがわかったのかもしれない。それでも、この差はあまりに危険だった。

父は単勝一・〇倍で菊花賞を勝って三冠馬となった。コントレイルの単勝は一・一倍。いずれにせよ、ほとんどの人が勝つと思っていることに変わりはない。これで負けるのか、と思った。いや、それが競馬だよな、とも思った。そう何でもうまくいくもんじゃない。簡単に達成できる記録になんて価値はないのだ。短い間に、いろいろなことが頭の中に浮かんだ。

コントレイルは最後までアリストテレスに抜かせることなく、わずかにクビ差だけリードを保ったままゴールした。

三冠馬の誕生は史上八頭目だった。六頭目がディープインパクト、父仔での三冠馬など日本競馬において他に例はなかった。そして無敗で三冠馬になった馬は、シンボリルドルフ、ディープインパクトに続き、コントレイルが史上三頭目だった。自分が死んで、最後から四番目の世代で、ようやく自分に並んでくれる仔が出たのだ。それは間違いなく、歴史的としか言いようのない瞬間だった。

競馬には区切りらしい区切りなんて、あるようでいてじつはほとんどない。それは人生によく似ている。

ディープインパクトは死んでも、その仔はまだしばらく、こうして競馬場で活躍し続ける。種牡馬になる仔が現れ、ディープインパクトと争ったりもする。この菊花賞にも、ディープインパクトの後継種牡馬であるキズナの産駒が二頭出走している。

そんな営みが、ただひたすら連綿と続いていく。物語に終わりらしい終わりなんてない。でもコントレイルが先頭でゴールした瞬間、よし、ここが区切りだよ、というディープの声が聞こえた気がした。

ずいぶん長くかかっちゃった。でもしょうがない。競馬って、そんな簡単なものじゃないからね。そうも言われた気がした。

レースを見終わって、すぐ連載の最終回の原稿に取りかかった。四〇〇字詰め原稿用紙で二二枚くらい、約八〇〇〇字を一気に仕上げた。書き終えたのは二日後だった。

これはディープインパクトの物語だ。日本競馬で最も強く、速い馬で、最も血を残した馬でもある。そしてその馬は、もういない。

本書は先述の『優駿』の連載記事に加筆、修正してまとめたものになる。もしも読み終わって、競馬っていいものだなあ、サラブレッドって凄いなあ、と思ってもらえたなら。いちばん喜ぶのは、たぶん天国のディープインパクトじゃないかなと思う。

12

DEEP IMPACT

1 母と父

■プロローグ
二〇二〇年・春、ノーザンホースパーク

夏は多くの観光客で賑わうノーザンホースパークも、二月の末、しかも平日とあって、人影はまばらだった。気温は一、二度。空気は冷たいが風はなく、空はどこまでも青く晴れ渡っている。

北海道苫小牧《とまこまい》市のノーザンホースパークは、馬とのふれあいや馬術競技の普及を目的として、一九八九年にオープンしたテーマパークだ。クォーターホースの背に揺られる観光ひき馬や、長い毛に覆われた脚を持つ大きなクライズデール種が引っ張る馬車、かわいいポニー

たちによる見事なショーなど、さまざまな種類の馬が、さまざまな形で訪れた人を楽しませてくれる。

国内最大の規模を持つ競走馬の生産牧場、ノーザンファームが母体ということもあり、ここでは多くの引退した競走馬が、功労馬や乗馬用の馬として過ごしている。天皇賞馬のアドマイヤジュピタやジャガーメイル、幾多の大レースを勝ったダートの強豪ヴァーミリアン。GⅠ馬も珍しくはない。放牧地や厩舎《きゅうしゃ》は見学が可能で、こうした人気馬に会うことを目的に訪れるファンもたくさんいる。

パークの入口を過ぎて、林の中の道を車でゆっくり進んでいくと、やがて左側に駐車場が現れる。道を挟んだ右側には、柵に囲われた放牧地があって、早くも何頭かの馬の姿が見えてきた。

駐車場に車を停めて道を渡り、放牧地へ向かう。雪の残っている場所を歩くと、融《と》けかけた氷を踏む音が、しんとした冬の空気にじゃりっと響く。

パークのガイドマップに「パドック2」とあるこの放牧地は、訪れた者が最初に馬と出会うことになる場所だ。この日は馬のミニチュアのようなポニーが二頭、サラブレッドよりは少し小ぶりで、明るく綺麗《きれい》な毛色のクォーターホースが二頭、そして明らかにサラブレッドとわかる、見るからに年老いた馬が一頭いた。

近づいていくと、サラブレッドだけが気づいて、ゆっくりとこちらへやって来てくれた。毛色は濃い茶色の鹿毛で、顔に鮮やかな白い流星が走っている。柵越しに鼻面《はなづら》を撫《な》でると、すぐに踵《きびす》を返し、今度は地面に積もった雪を食べた。そして顔を上げると、太陽の方を向いて目をつぶり、まどろみ始める。柵の案内板には、その馬の小さな写真と「ウインドインハーヘア　1991年生まれ」の文字があった。

ウインドインハーヘアの子供であるディープインパクトが一七年と一二七日の生涯を閉じたのは、この約七ヵ月前、二〇一九年七月三〇日のことだった。あれから夏が終わり、秋が過ぎ、冬が訪れた。年が明けて、馬産地はすでに種付けシーズンを迎えていた。

社台スタリオンステーションの二〇二〇年度の種牡馬ラインナップに、もうディープインパクトはいなかった。でも二九歳を迎えた母のウインドインハーヘアは、この日も変わらず、ノーザンホースパークの放牧地で静かに暮らしていた。

ディープインパクトを含む一六頭の仔を産み、二〇一二年、二一歳で繁殖牝馬を引退したウインドインハーヘアがこうした形でノーザンホースパークで余生を送ることになったのには、その優しく面倒見のいい性格が関係していた。

引退後、ウインドインハーヘアは繁殖牝馬として過ごしたノーザンファームで、そのまま余生を送っていた。ところが二〇一四年、二三歳のときに、ノーザンホースパークで母馬のいない半血種（雑種）の仔馬の母親代わりの教育係が必要となり、ウインドインハーヘアに白羽の矢が立った。そして約一年後、仔馬が無事に離乳したあともパークにとどまり、観光客への展示馬として余生を過ごすこととなったのだ。

放牧地から少し離れたところにいた女性のスタッフに声をかけて、少し話を聞く。

もう二九歳だが、とてもそんな年齢とは思えないくらい元気で、一年中ほぼ毎日、放牧地に出ている。天候などの理由で外に出さなかった翌日は、厩舎から出したときに立ち上がりそうになることもあるほどだという。性格はとても優しく、他の馬たちとも仲が良い。放牧地で佇《たたず》むウインドインハーヘアを見ながら、スタッフは笑顔でそんなことを教えてくれた。

話をしている間も、ウインドインハーヘアは目をつぶってじっと立ったまま、陽を浴びてまどろんでいた。まるでここだけ、時間の流れが遅くなっているようだった。

「即決」で購入した繁殖牝馬

ウインドインハーヘアは一九九一年二月二〇日、アイルランドで生まれた。日本ではナリタブライアンやチョウカイキャロルと同世代にあたる。ちなみにこの年、日本ではサンデーサイレンスが種牡馬供用を開始されている。

イギリスのジョン・ヒルズ厩舎で走ったウインドインハーヘアは、イギリスオークスでバランシーンの二着、アイルランドオークスでボラスの四着など欧州牝馬クラシックで善戦。そして四歳時にドイツへ遠征し、ゲルゼンキルヘン競馬場の芝二四〇〇メートルで行われるアラルポカルでGI制覇を飾った。のちに大種牡馬となる地元ドイツの強豪モンズンらを破っての勝利だった。

ヨークシャーオークスでのピュアグレインの三着を最後に引退したウインドインハーヘアは、アイルランドを本拠地とする世界的規模の生産者、クールモアスタッドの牧場で繁殖生活に入った。そして四頭の仔を産み、五頭目を受胎した一九九九年の秋、ノーザンファームに売却された。セールではなく、代理人の仲介による売買だった。

ノーザンファーム代表の吉田勝已《かつみ》いわく、「即決」だった。

「代理人のジョン・マコーマック（アイルランド出身の世界的エージェントで、日本でも一九九八年高松宮記念勝ち馬シンコウフォレストや、二〇〇三年ジャパンカップを勝ったタップダンスシチーといった活躍馬の売買を仲介）から送られてきた売却リストの中にいたんです。デインヒルの仔がお腹に入っていて。すぐに買うと決めました」

この年にノーザンファームに獣医として入社し、現在はノーザンファームの場長を務めている中島文彦《ふみひこ》も、こう証言する。

「リストを見てすぐマコーマックさんに連絡したんですが、向こうは夜中で、クールモア側には朝にならないと連絡はつかないと言われたんです。でも社長（吉田勝已）は、それじゃ遅い、いますぐ連絡してくれ、と。いまだにマコーマックさんには、あのときは困ったよと言われます（笑）」

それほどまでに買い逃すことを恐れた理由を、中島は「ヨーロッパのGⅠを勝った牝馬なんて、今もですが、当時はまず買えませんでしたから」と説明する。

中島によれば、そういう馬は売りに出ることがほぼないし、あっても手が出なかった。アメリカのGⅠ馬の三～四倍はしたという。そんな馬が、一億円もしない値で買えるチャンスだったのだ。

現在でこそ何億円もする馬も含め、ノーザンファームが海外から購入する牝馬の数は年間四〇頭以上に達するが、当時はそんな金額はとても出せないし、年間に購入できるのもせいぜい一〇頭ほどだった。だからこそ、吉田勝已がこの話を絶対に逃したくないと考えたのは当然のことだった。

中島は「たぶんノーザンファームがヨーロッパのGⅠを勝った牝馬を購入したのは、このときが初めてか、それに近かったんじゃないかと思います」と話す。

実際、ノーザンファームに限らず、そうした馬が日本に輸入された例は、我々が抱いているイメージと比べて驚くほど少ない。

例えば、一九九八〜二〇〇〇年の三年間で海外ＧⅠを勝った繁殖牝馬は二四頭が日本に輸入されているが、そのうちヨーロッパのＧⅠ勝ち馬は、ウインドインハーヘアを含む八頭しかいなかったのだ。しかも、うち一頭は現役時から日本人が馬主として所有していた馬で、別の一頭はサンデーサイレンスを種付けするために欧州からやって来たのが「輸入」扱いになっているだけで、いずれ欧州へ帰る予定の馬だった。

近年でも、基本的にその傾向は変わらない。同じように二〇一七〜二〇一九年の三年間を見ても、海外ＧⅠを勝った輸入繁殖牝馬五四頭中、欧州のＧⅠ勝ち馬は一三頭だけ。当然、その中には種付けだけのためにやって来た馬が何頭か含まれている。

しかし吉田勝已がウインドインハーヘアに強く惹《ひ》かれたのには、成績とは別のところにも大きな理由があった。

「エリザベス女王が持っていた、ハイクレアの系統ですからね。なかなか買えないですよ、こんな血統の馬は」

吉田勝已の言う「こんな血統」。それは良い血統というだけでなく、自分の大好きな血統という意味でもあった。

英国王室が育んだ血統

自身はクールモアグループの所有馬として走ったウインドインハーヘアだが、その母系は代々、英国王室によって育まれてきたものだった。

四代母、つまり祖母のそのまた祖母のハイペリカムは、その名前がレース名にもなっているジョージ六世が生産、所有した馬で、一九四六年のイギリス一〇〇〇ギニーを制した。

その娘であるハイライトと、同じく王室の種牡馬クイーンズフッサール（日本語で「女王の軽騎兵」）との配合で生まれたハイクレアは、エリザベス女王が所有し、一九七四年のイギリス一〇〇〇ギニーとフランスオークスを勝利。キングジョージ六世&クイーンエリザベスステークスでは名牝ダリアの二着に入るなど活躍した。

ハイクレアは繁殖牝馬としても優秀で、仔からはミルフォード、孫からはナシュワン、ネイエフと、種牡馬になるような活躍馬が続々と出ている。

そのハイクレアの娘であるバラクレアと、クールモアが所有する種牡馬アルザオとの間に生まれたのが、ウインドインハーヘアだった。

ではなぜ、そんな名血でＧⅠも勝っているような馬が、手頃な価格で売りに出されたのか。

おそらくは産駒の不振がその理由と思われた。

ウインドインハーヘアは、この一九九九年秋の時点で四頭の仔を産み、そのうち二頭がすでにデビューしていた。

初仔のグリントインハーアイはアラジ産駒の牝馬で、ちょうどこの三歳秋に七戦未勝利の成績で引退していた。

二番仔のヴェイルオブアヴァロンは父サンダーガルチの牝馬で、この時点で二歳戦を四戦していたが、条件戦で二勝を挙げたのみ。九月のイギリスのＧＩフィリーズマイルでは最下位に敗れていた。

これで「見切られた」形となったウインドインハーヘアだが、じつはのちにクールモアからは吉田勝已のもとに買い戻しのオファーが届くことになる。

そのきっかけが、二番仔ヴェイルオブアヴァロンの本格化だった。

母がノーザンファームに売られた翌年の三歳秋から徐々に力をつけていったヴェイルオブアヴァロンは、四歳でイギリスからアメリカへ移籍すると、重賞でもたびたび好走するようになっていく。そして五歳となった二〇〇二年一月、ついに芝一七〇〇メートルのＧⅢデラローズハンデを制したのだった。

だが吉田勝已は、その買い戻しのオファーを即、断った。

「だって、いい馬が欲しくて買ったんですから。売りませんよ、どんなに高くたって」買い戻しに応じない、というだけではなかった。この頃、吉田勝已は「本当に好きなんですよ」というこの系統の牝馬を、さらに買い集めていたのだ。

二〇〇三年秋、外国産馬としてロードホースクラブの所有で走っていたウインドインハーヘアの三番仔レディブロンドが、スプリンターズステークス四着を最後に引退した。当初は海外のクールモアの牧場で繁殖入りする予定だったが、吉田勝已はすぐに交渉して、レディブロンドが日本を出る前にこれを購入してしまった。レディブロンドはノーザンファームで繁殖牝馬となり、のちに孫からダービー馬レイデオロを出している。

二〇〇四年一一月の終わりには、イギリスのタタソールズ社のセールに赴《おもむ》き、すでに引退して繁殖牝馬となっていたヴェイルオブアヴァロンを購入した。

「これが上場されると知って、買いに行ったんです。脚が曲がっている馬でしたが、どうしても欲しかったので。いや、ディープはまだ走る前でした。この系統が本当に好きだから、欲しかったんです」

ディープインパクトがデビューするのは、このタタソールズのセールから約三週間後のことだった。

好きな血統で、ヨーロッパのＧＩを勝っていて、手の届く価格。「即決」だったウインドインハーヘアだが、逆にいえば、それは馬も見ずに購入を決めたということでもあった。

中島は「不出走の馬と違ってレースである程度、走った馬なら、実際に見てみたらひどい馬だったということはあまりないですね」という。ただ、確認すべきことは一つあった。

「じつは初仔のグリントインハーアイの年齢が、ウインドインハーヘアの引退と一年、計算が合わなかったんです。もしや受胎したまま現役を続けていたのかと確認したら、やはりそうでした」

日本と違い、海外ではたまにある話だというが、ウインドインハーヘアの場合は、その状態で八月にGIを勝っているという非常に珍しいケースだった。

吉田勝已は「そのくらいの時期なら妊娠していても問題ないですよ」と、当時も今も気にしていない。それどころか「受胎していると、かえって気性面で落ち着いて、競走でプラスになることもありますから」と話す。

こうして「うちとしては鳴り物入りという感じ」（中島）でノーザンファームへとやって来たウインドインハーヘアだが、じつは中島も、それから当時、ノーザンファームの場長を務めていた秋田博章《ひろあき》（現在はキャロットファーム代表取締役）も、初めて実馬を見たときの印象はほとんど残っていない。

「バレークイーン（ダービー馬フサイチコンコルドの母）やフェアリードール（エリザベ

ス女王杯などを勝ったトゥザヴィクトリーの母）は、最初に見たときから素晴らしい馬だと思いました。でもウインドインハーヘアの場合は正直、特に記憶がないんですよ」（秋田）

馬のサイズは中島が「現役時は四五〇〜四六〇キロあたりでしょうか」というように標準か、少し小柄。悪いわけではないが、特に見栄《みば》えもしない。秋田が「もしも私や中島が先に馬を見ていたら、買わなかったかもしれないですね」というほど「普通の馬」だった。

こうして日本にやって来たウインドインハーヘアは、二〇〇〇年三月二一日、すでに受胎していたデインヒルの仔を無事に産み落とした。そして翌月、日本で初めての種付けを行ったのだった。

相手は、サンデーサイレンスだった。

父はアメリカ二冠馬

サンデーサイレンスは一九八六年、アメリカのケンタッキー州にあるストーンファームで生まれた。父は同じストーンファームで繋養《けいよう》されていたヘイロー。母のウィッシングウェルは芝の重賞を二勝していたが、牝系からは他に活躍馬どころか、勝利を挙げた馬すら見つけることが難しい。

そんな地味な牝系に加え、パワーが求められるアメリカ競馬向きではない華奢《きゃしゃ》で脚長な体形も嫌われたのか、一歳セールでも、二歳のトレーニングセールでもサンデーサイレンスは売れ残ってしまう。結局、生産したストーンファームの経営者であるアーサー・ハンコック三世、そしてサンデーサイレンスを預かることとなる西海岸の伯楽チャーリー・ウィッティンガム調教師を含む四名が四分の一ずつを所有する形で、サンデーサイレンスは競走馬となったのだった。

一九八九年のアメリカ三冠は、そんなサンデーサイレンスと、それとは対照的に早くから馬体も血統も、すべてが高く評価されていたイージーゴアのライバル対決に沸いた。

ケンタッキーダービーとプリークネスステークスはサンデーサイレンスが勝利したが、三冠目のベルモントステークスはイージーゴアが一矢報いた。一一月のブリーダーズカップクラシックは歴史的名勝負と呼ぶにふさわしい激戦の末、クビ差でサンデーサイレンスが勝利。対決は、すべて二頭によるワンツー決着だった。

このサンデーサイレンスに惚《ほ》れ込み、日本で種牡馬にしたいと熱望したのが、のちに社台ファームやノーザンファームなどに分かれて社台グループを形成していくこととなる「旧」社台ファームの創業者、吉田善哉《ぜんや》だった。

今でこそ大騒ぎすることではなくなったかもしれないが、当時はアメリカの二冠馬を種牡馬として購入するなど、ほとんど夢物語に近かった。だが吉田善哉は、のちにハンコックが「度外《どはず》れたものだった」と語ったほどの執着心で、それを実現させてしまった。

そこでは吉田善哉とウィッティンガム調教師の、そして長男の吉田照哉《てるや》（現在は社台ファーム代表）とハンコックの深い親交が、大きな役割を果たした。

特に吉田照哉は一九七〇年代、吉田善哉がアメリカにおける社台ファームの拠点として購入したフォンテンブローファームで場長を務め、その若き日々に、近所にあったストーンファームのハンコックと親友と呼べる関係を築いていた。

そんな繋《つな》がりを糸口に一九九〇年春、四歳になったサンデーサイレンスの四分の一の権利をハンコックから譲り受けると、そこから交渉は本格化する。

次男の吉田勝已も、たまたまアメリカ東海岸に滞在していたときに、父からの電話で急遽《きゅうきょ》、西海岸のウィッティンガム調教師のもとへ飛んで交渉の補助にあたったりもした。ノーザンホースパークにある「ホースギャラリー」は、ノーザンファームの馬づくりの軌跡を紹介する資料館だが、そこにはウィッティンガム調教師と並んで写る吉田勝已の写真が飾られている。

そしてついに、残りの四分の三の交渉が成立する日がやってきた。

八月二二日、新聞各紙はサンデーサイレンスの日本での種牡馬入りを大きく報じた。価格は一一〇〇万ドル（当時のレートで約一六億五〇〇〇万円）。種牡馬入りに際しては、一口四一五〇万円の六〇株、総額で約二五億円の大型シンジケートが組まれた。

そして一九九一年春、サンデーサイレンスは大きな期待と注目の中で、種牡馬としての供用を開始された。

と言うべきところかもしれないが、のちの圧倒的な存在感を思えば、当時の関係者の視線はかなり冷静だった。

社台ファーム早来《はやきた》（ノーザンファームの前身）でも最初の数年間は、相手に選ぶ繁殖牝馬の質においてもサンデーサイレンスをそこまで絶対視はしていなかった。当時の場長だった秋田はその理由を「同じ年に種牡馬入りした同期には、キャロルハウスやジェイドロバリーもいましたからね」と話す。

「他にも、その二年前に種牡馬入りしてまだ産駒がデビューしていないジャッジアンジェルーチやトニービンのような馬もいました。ジャッジアンジェルーチなんて身体はしっかりしているし、弟も二頭、アメリカでGIを勝っているしで、期待はすごかったです。それと比べてしまうと、どうしてもサンデーは身体も血統も頼りない感じはありました」

種付料も、初年度こそ破格の一一〇〇万円だったが、三年後には八〇〇万円まで下がるという、いわば常識的な動きで推移した。ただし、いざ産駒が走り始めると、それも天井知らずで上昇し、最後は二五〇〇万円まで高騰することになるのだが。

吉田善哉は一九九三年夏、そんなサンデーサイレンスの初年度産駒の走りを見ることなく、七二歳で亡くなった。

一九九四年、産駒がデビューすると、そこから日本競馬は「ＳＳ」一色に染まっていった。初年度世代からはいきなり二歳王者フジキセキ、皐月賞馬ジェニュイン、ダービー馬タヤスツヨシ、オークス馬ダンスパートナーなどが登場。その後もバブルガムフェロー、ダンスインザダーク、サイレンススズカ、スペシャルウィークなどが次々と大レースを制していく。一九九五年には早くもリーディングサイアーを獲得。以降は一三年連続で首位の座に君臨する。

ノーザンファームが生産したサンデーサイレンス産駒によるＧⅠ制覇がついに果たされたのは五世代目、アドマイヤベガの一九九九年ダービーだった。

この年、ノーザンファームは初めてリーディングブリーダーのタイトルを獲得。サンデーサイレンスとノーザンファームの上昇曲線が、ぴたりと同調した瞬間だ。

二〇〇〇年、供用一〇年目のサンデーサイレンスは一九七頭の牝馬に種付けを行う。その一頭が、前年に吉田勝己が購入したウインドインハーヘアだった。

翌二〇〇一年春、のちのブラックタイドが誕生。続けて、またサンデーサイレンスが種付けされる。そして二〇〇二年三月二五日、奇《く》しくもサンデーサイレンスと同じ誕生日に、ウインドインハーヘアは鹿毛の牡馬を産んだ。

その約五ヵ月後の八月一九日、サンデーサイレンスは一六歳で死んだ。五月に右前脚にフレグモーネ（化膿性疾患）を発症し、それをかばった左前脚に発症した蹄葉炎《ていようえん》がもととなった衰弱性心不全が直接の死因だった。

ノーザンファームで生まれたばかりの小さな鹿毛馬は、そのとき、まだ自分に託された運命のことなどこれっぽっちも知らなかった。

2 小さな弟

兄は九七〇〇万円で落札

北海道安平《あびら》町のノーザンファームは二〇一九年、国内の生産者で最多となる五六六頭のサラブレッドを生産した。総生産頭数が七三九〇頭だから、じつにその約七・七パーセントを占めたことになる。

でも、たとえばその一〇年前の二〇〇九年、ノーザンファームの生産頭数は三五三頭だった。さらに一〇年前、ウインドインハーヘアを購入した一九九九年はもっと少なくて、一七三頭。二〇年後の三分の一にも満たない数だ。

海外の代理人から送られてくるリストや、セールでの購入。もちろん国内で現役を引退して牧場へ戻ってくる牝馬もたくさんいる。毎年、繁殖牝馬は増え続け、厩舎が足りなくなれば新たに作る。それをひたすら繰り返し、ノーザンファームは大きくなった。二〇〇〇年に一一棟、二七七馬房だった繁殖牝馬厩舎は、二〇二〇年には二八棟、七〇九馬房にまで増えている。

牧場の事務所のすぐ裏にも、二棟の厩舎と、それに付随した放牧地がある。放牧地はきれいな四角形で、サイズは二〇〇メートル×二五〇メートルほど。それほど広くはない。こぢんまりとした印象の、人の目の届きやすい、いかにも生まれたばかりの仔馬を連れた母馬が安心して過ごせそうな場所だ。厩舎は、その放牧地を挟んだ向こう側に建っている。

じつは、かつては放牧地の手前、事務所のすぐ裏手にも厩舎が存在していた。牧場で最も古くからある厩舎のひとつだったが、老朽化と、放牧地を広げる必要から二〇一三年に取り壊された。

いまはもうなくなった、その事務所のすぐ側《そば》の厩舎で、二〇〇〇年三月二一日、ウインドインハーヘアは通算五頭目、日本では初めての仔を産んだ。生まれたのは、来日時に受胎していたデインヒルの産駒。その鹿毛の牝馬はライクザウインドと名付けられ、サンデーサラブレッドクラブの所属馬として三歳夏から四歳春までに四戦し、未勝利で引退することとなる。

出産から一ヵ月後の四月二〇日、ウインドインハーヘアはサンデーサイレンスの種付けを行った。そして一年後の二〇〇一年三月二九日、のちにブラックタイドと名付けられる牡馬を出産すると、一年前と同じ四月二〇日、またサンデーサイレンスを種付けされた。

二年連続でサンデーサイレンスを付けたことに、特別な理由などなかった。吉田勝己の「このレベルの牝馬には当然、という感じでしたよ」という言葉が、すべてを物語る。サンデーサイレンスの仔はみんなよく走り、よく売れた。そしてウインドインハーヘアは、まさにサンデーサイレンスを付けるために購入した馬のようなものだった。

父にサンデーサイレンスを持つ黒鹿毛の牡馬は、生まれて約三ヵ月半後の七月九日、二〇〇一年セレクトセールの初日に上場され、二日間を通じて五番目の高値となる九七〇〇万円（税抜、以下同）で落札された。購入したのは、馬主の金子真人《まこと》氏だった。

この年の最高額は父サンデーサイレンス、母ロッタレースの牡馬で一億九〇〇〇万円だった。購入したジョン・ファーガソン・ブラッドストックはドバイのシェイク・モハメドの代理人で、アイルランドのクールモアグループの代理人と激しい競り合いを演じた末の落札だったことが報じられていた。のちにDubai Sundayと名付けられたこの馬は、しかしイギリスとアメリカで平地二勝、障害四勝の平凡な成績で終わっている。

じつは金子氏が落札した「ウインドインハーヘアの二〇〇一」、のちのブラックタイドも、当時のノーザンファームの場長だった秋田博章が「本気で競れば買えるような」と評する海外のバイヤーの代理人が興味を持ち、事前にチェックをしていた。言うまでもなく「ロッタレースの二〇〇一」を競り合った両者の、そのどちらかのことだ。

「ただ、その代理人の方はちょっと骨に問題ありと見たようで、結局、競ってきませんでした。もし競っていたら、その後の展開はいろいろと違ってきたでしょうね。そう考えると不思議なものだと思います」

もしその海外の代理人が競っていたら。もしかしたらブラックタイドは違う国で、違う名前で走っていたかもしれない。購入には至らずとも、価格は競り上がり、別の馬主が競り落とすことになったかもしれなかった。そうなれば、ブラックタイドの運命は大きく変わっていた。種牡馬にもならなかったかもしれないし、だとすればキタサンブラックも生まれることはなかった。日本競馬の未来は、大きく変わっていたかもしれないのだ。

そしてこの一年後のセレクトセールに上場された一歳下の弟を、兄に続いてまた金子氏が購入することも、もしかしたら、なかったのかもしれなかった。

タイプの違う兄弟

二〇〇二年三月二五日、ウインドインハーヘアは前年に続き、サンデーサイレンスの牡馬を出産した。のちに日本競馬の歴史を塗り替えることになる名馬、ディープインパクト誕生の瞬間だった。

現在、ノーザンファーム場長を務める中島文彦は、当時は牧場の獣医で、すべての馬の出産に立ち会っていた。

「ウインドインハーヘアのお産も全部見ています。身体もそうですが、お産もいい意味で〝普通〟の牝馬でしたね」

一歳上の兄、のちのブラックタイドは、まだ本格的な育成調教には入っていなかった。しかしすでにその馬っぷりの良さは牧場で評判になっていた。

「あれはすごい馬だとみんなが言っていました。大きくて、パワーがあって。それと比べると、弟はきれいな馬だけど小さいね、という評価でした」

しかしその「小ささ」は、ある意味でウインドインハーヘアの系統の特徴なのだと中島は言う。

「この牝系の活躍馬は、大きく分ければ素軽さが特徴です。身体の軽さというか、頭の軽さというか。その意味では、じつはブラックタイドはこの系統らしくない馬なのかもしれないですね。ディープとは、例えばレイデオロの方が似ているかもしれません。その祖母でディープの姉のレディブロンドも、大きな馬ではなかったですし」

そんな「小さな弟」は生後間もなく、一年前の兄と同様にセレクトセールに上場されることとなった。だが吉田勝己も中島も、今ならたぶん出さないと思う、と口を揃える。三月二五日という誕生日は、七月上旬のセールに出す馬のものとしては、少し遅すぎるからだ。現在、ノーザンファームでは、セレクトセールに出す馬は遅くとも三月一〇日くらいまでに生まれた馬というのが目安になっている。見せられる状態、買ってもらえる状態までになるには、それなりの時間が必要だからだ。

しかし当時は、四月上旬生まれの馬までは出していたと中島は言う。

「生産頭数は二五〇頭くらいでしたし、そこからクラブの募集馬にする馬もいました。だから多少、遅めの生まれの馬も入れないと、頭数が揃わなかったんです」

じつは兄のブラックタイドは、ディープインパクトよりさらに遅い三月二九日生まれだった。弟と比べれば大きく生まれたとはいえ、現在ならばやはり上場されなかった可能性は高い。

「ディープは本当に、ギリギリ間に合ったという感じでした。小さい馬はセールまでにきちんと成長するかどうか心配ですよ。それは今でもそうです」

吉田勝已は「今ならディープは当歳（○歳）のセールには出さず、翌年の一歳セールに出したかもしれないですね」と言う。現在と違い、その当時のセレクトセールは当歳セールのみだったのだ。

ただ秋田は「結果的にディープは一年経《た》ってもあまり大きくはなりませんでしたからね。もし翌年に一歳セールがあったとしても、高く売れたかどうかはわからないですよ」と笑う。

第五回セレクトセール

いずれにせよ、この小さなウインドインハーヘアの仔は七月のセレクトセールに上場された。

ちょうどこの五月、サンデーサイレンスはフレグモーネを発症し、長引く闘病が関係者を心配させていた。セールは、誰もが嫌でもその血の貴重さを意識せざるを得ない中での開催となった。

これまでずっと、ノーザンファームはそんな貴重なサンデーサイレンス産駒を惜しげもなくセールに供給し続けてきた存在だった。そしてそれは、こんな状況でも変わらなかった。吉田勝已には「僕はセレクトセールを作った張本人ですから、良い馬は出さないと」という思いが常にあった。

一九九八年に創設されたセレクトセールは、日本の競走馬売買システムを根本から変えた。

それまで、日本では馬主が牧場から直接、馬を購入する「庭先取引」と呼ばれる形態が主流だった。さらに多くの場合、馬主は付き合いのある調教師などに購入馬選びや牧場との交渉を一任していた。交通機関が現在のように発達していない時代、北海道の馬産地は遠く、馬に関する情報を得ることができる者は限られていたのだ。

要するに、どの馬を競走馬にするのか、その値段が幾らなのかは牧場と調教師の一存で決まっていた。馬主は事後承諾的に自分が持つ馬のことを知らされ、代金を払う。もちろんその価格が公にされることは少ない。またする必要もなかった。

日本でも、セリ市の形の競走馬セールは行われてはいた。しかし、それらを主催していたのが農業協同組合、いわゆる農協や日本軽種馬《けいしゅば》協会といった公益性の高い団体であることを見てもわかるように、それはどちらかといえば庭先取引で売れなかった馬のためのものであり、生産者の救済システムのような性質が強かった。

良い馬は、自分が信頼を置く調教師などの代理人に直接、牧場と交渉して購入してもらった方が、他の馬主に横取りされることなく、確実に、そして安く手に入る。セリに出たりしたら価格が上がってしまうし、買えないことだってあるのだ。一方の牧場側も、セリの場において公の目でチェックされることなく馬を売れるこの方式には、大きなメリットがあった。庭先取引を日本の競走馬売買システムの主流にしていたのは、そういった双方の論理だった。

ただ、例外もあった。一九八九年、日本軽種馬協会が主催する北海道市場のサラブレッド二歳（現在の一歳）八月市場で、父トウショウボーイ、母リキサンサンの牡馬が三億五〇〇〇万円という価格で取引され、大きな話題となった。リキサンサンは、牝馬ながら一九七二年凱旋門賞を勝ったフランスのサンサンを母に持つ超良血馬だった。この凱旋門賞には、日本馬としては史上二頭目の挑戦となるメジロムサシが出走し、一八頭立ての最下位に終わっている。

こんな良血馬がセリに出てきたのには理由があった。父のトウショウボーイは日高軽種馬農業協同組合が所有する種牡馬で、そのため産駒はセリ市に出すことが義務付けられていたのだ。

折しも、時はバブル景気の絶頂期。オグリキャップの活躍で競馬人気も空前の盛り上がりを見せる中で記録されたこの価格は、二〇〇四年のセレクトセールで父ダンスインザダーク、母エアグルーヴの当歳馬（馬名ザサンデーフサイチ）が四億九〇〇〇万円で落札されるまで、長く日本のセリ史上の最高落札価格として残ることとなる。

ちなみにサンゼウスと名付けられたこの馬は、八戦二勝の平凡な成績で現役を引退。種牡馬にもなったが、さしたる活躍馬を出せずに終わっている。

吉田勝己がセレクトセールの創設を思い立った動機はシンプルなものだった。海外のように。いや、海外以上に公正で透明な、良い馬がきちんとした値段で売買されるセールをやりたい。ないのなら、自分で作るしかない。そういうことだった。

こうしてセレクトセールは、ノーザンファームの吉田勝己の熱意に引っ張られる形で、大手の牧場をはじめとした生産者が名を連ねる日本競走馬協会が主催するセリ市として誕生した。

ようやく創設にこぎつけたセレクトセールだったが、問題があった。それまで庭先取引で売っていた馬主たちに、その趣旨を理解してもらうことだった。

「最初はみんな信じてくれませんでしたね。これからは全部セールに出すのでそこで買って下さいと伝えても、なるほど、いいね。でも自分は違うでしょ？　という感じでした」

吉田勝己の片腕としてセール創設に粉骨砕身《ふんこつさいしん》した今泉《いまいずみ》玄《しずか》も、馬主の説得には「一年かかりました」と話す。日高町門別で種牡馬事業を行う株式会社サラブレッドブリーダーズクラブの常務取締役（現在は同社相談役）で、日本競走馬協会では現在も監事を務めている今泉は、第一回セレクトセールのことを今でもよく覚えている。

「ようやくやれることになりましたが、本当に売れるのか、ちゃんと競ってもらえるのか、すごく心配だったんです。でも最初の一頭で声が上がると、様子見だった方たちも競ってくれるようになって。安心しましたね。終わった日の夜、勝巳さんはへべれけに酔っていましたよ。何十年も付き合っていますが、あそこまで酔った勝巳さんは見たことがないです」

セレクトセール出身馬のＧⅠ初制覇は二〇〇一年秋、サンデーサイレンス産駒マンハッタンカフェによる菊花賞の勝利によって達成された。第一回の取引馬である同馬の優勝は、セレクトセールが市場としてだけでなくレースの世界でも結果を出したという意味で、日本競馬にとって記念碑的なものといえた。

そして迎えた二〇〇二年、第五回セレクトセール。二日間のセールの初日である七月八日に登場した上場番号一三二番「ウインドインハーヘアの二〇〇二」のセリは、七〇〇〇万円からスタートした。一年前に兄を購入している金子氏が手を挙げたが、それに続く者は一人も現れず、そのままセリは終了した。

いわゆる「一声」での落札だった。

「一声」で終わった理由

二〇〇二年セレクトセールは、母ダンシングキイの牡馬が三億三五〇〇万円で落札されたことが大きな話題となった。父はもちろんサンデーサイレンス。一億円のスタートから瞬《また》く間に競り上がり、当歳では国内史上一位の価格となった。他にも高額馬が続出し、一億円超えのミリオンホースは全七頭が誕生。報道には「不況知らず」の見出しが躍った。

それらに比べれば「ウインドインハーヘアの二〇〇二」の七〇〇〇万円は、いかにも安かった。一年前の兄も同じ七〇〇〇万円のスタートだったが、そこから九七〇〇万円まで競り上がっている。「一声」で終わったのは、やはり兄と比べて小さな身体が理由と思われた。

他ならぬノーザンファーム場長の秋田による評価が、まさにそうだった。

「正直、あのときのディープの立ち姿に、突出したものは感じていませんでした。でも、その馬が過去のどんな高値のついた馬よりも走ったんですからね。逆にいえば、セリでの評価を決めているのは立ち姿ですが、立ち姿では、すべてはわからないということです。通常、馬を歩かせてみるのは欠点を探すためですが、ディープは歩かせて初めてその柔らかさ、素晴らしさがわかる馬でした。誇張ではなく、私のセリでの馬の見方は、ディープによって変わったんです」

そんな、特に見栄えのしない「ウインドインハーヘアの二〇〇二」にただ一人、手を挙げたのが金子氏だった。

金子氏が馬主資格を取得したのは、一九九五年のことだった。

製品設計や開発業務を支援するITシステムなどを扱う株式会社図研の代表取締役会長を務める金子氏は、今でこそディープインパクトをはじめとした名馬を何頭も所有したことで知られる日本有数の大馬主の一人だが、馬主になるまでは、競馬のことは興味どころか、何も知らなかったという。

きっかけは、友人に誘われてノーザンファームを訪れたことだった。まず牧場の景色や馬のかわいさに惹かれた。そして紹介された吉田勝已に、自分と通じるもの、新しい風を起こそうとしているという感覚を得たという。まさに一九九四年、ノーザンファームは社台ファームから分かれる形で誕生したばかりで、吉田勝已はその責任者として未来へ歩き始めたところだった。

金子氏が馬を持つようになると、すぐに所有馬からはスプリンターズステークスや安田記念を勝ったブラックホーク、鋭い追い込みで短距離の重賞を六勝したブロードアピール、エリザベス女王杯のトゥザヴィクトリー、NHKマイルカップの覇者クロフネなど、活躍馬が続出した。そしてセレクトセールで馬を買うようになると、その勢いはさらに加速していく。ドバイでも勝利を挙げたユートピア、スプリングステークス勝ちのブラックタイド、ダービー馬キングカメハメハ、ダートの名馬カネヒキリ。そして極めつきが、ディープインパクトだった。

じつは第一回セレクトセールの最初の落札者は、この金子氏だった。そのときに購入した上場番号一番はノーザンファーム生産の父サンデーサイレンス、母ウェイブウインドの牡馬で、金子氏が以前に庭先取引で購入し、所有していたシラユキヒメという馬の全弟だった。

それまでの慣習に従えば、この全弟も同じ金子氏に庭先取引で売ってもおかしくはなかった。しかし吉田勝已はそうはせず、金子氏もセリでそれを落札した。いわば吉田勝已が本当にやりたかったことが、最初の年の、最初の馬で金子氏によって体現されたのだった。

インタビューなどによると、金子氏にとって競馬は趣味で、だからいわゆる「馬係」のようなマネージャーを置いて任せたりはせず、すべてを自分で行っているという。当然、購入する馬も自分で選んでいて、セレクトセールの前には何度も牧場へ足を運んで上場予定馬を見せてもらい、スタッフに話を聞いたりする。セールの会場でも、きちんと自分の目で馬を見る。それを何年もずっと繰り返しているのだという。

もちろん二〇〇二年セレクトセールの前にも、金子氏はノーザンファームで上場馬の下見をしていた。

馬を見ながら金子氏は、のちのディープインパクトについて場長の秋田に、ちょっと小さいんじゃないの、と訊ねたという。秋田の答えはこうだった。

「確かに小さいです。でも、兄もこの時期はこんなものでした。だからこの馬も、ここから兄のように大きくなってくれると思いますよ」

そして二人はその足で、兄のブラックタイドを見るために一歳馬の厩舎へ移動した。そこで兄の立派な馬体を確認した金子氏は、なるほど、こんな素晴らしい馬になってくれるならなんの問題もない、と納得したという。

しかし結局、ディープインパクトは兄のように大きくはならないのだった。

小さく、目立たない弟

今はもうなくなった、ウインドインハーヘアのいた繁殖牝馬厩舎から車で約一〇分。室蘭本線の踏切を渡った向こう側に、ノーザンファームの中期育成の放牧地が広がっている。離乳した当歳馬が、一歳夏以降に調教厩舎へ移動するまでの約一年間を過ごす牧場だ。

仔馬はここで仲間とともに毎日、放牧地を駆け回る。同時に人間と接することを覚え、このあとの厳しい育成調教に進むための心身を育んでいく。

九月、母のウインドインハーヘアとの別れを済ませたディープインパクトは、このイヤリング厩舎へと移った。イヤリングとは英語で一歳馬のことだ。ノーザンファームはどんどん大きくなっているところで、この厩舎と放牧地も、新たに土地を買って作られて、まだ間もないものだった。

イヤリングに移りはしたが、体が小さく、また前脚の動きに硬さがあったことなどから、しばらくは小さなパドックに出るのみで、様子を見られていた。他の馬と放牧されるようになったのは、一ヵ月ほど経ってからだった。

中島は、この中期育成時代のディープインパクトについて訊かれると、いつも困ってしまうという。

「普通の馬でしたからね（笑）。とにかく小さい馬という印象で、バランスは良いけど、理想からするとかなり小さい。だからスタッフとは、うまく成長させなくちゃね、とよく話していました」

その頃から「走るのが大好き」だったのか、と訊かれることも多い。これも困ってしまう質問だ。

「それは好きでしたよ。でもその頃は、どの馬もみんな喜んで走ってますからね（笑）。正直、何かが特別に優れていた印象はないです。でもイヤリングの時期は特別じゃなくていいんですよ。競馬で特別になればいいんですから」

秋田には、頭の良い馬だったという印象が残っているという。

「エアグルーヴなんかもそうでしたが、放牧地でも危険なところには近づかないような頭の良さがありました。牡馬はこの時期、取っ組み合いの喧嘩で身体に傷がつく馬も珍しくないですが、そういう傷もぜんぜんありませんでした。無駄なことをしないから怪我もしない、という感じの馬でしたね」

その頭の良さが、競走馬ディープインパクトが幼少時から示していた特徴の一つだとしたら、爪の薄さもそうだった。のちにディープインパクトによって広く知られることになる「エクイロックス」は、釘を使わない接着剤による装蹄《そうてい》方法だが、それが採用されたのは、まさにこの爪の薄さからだった。

「苦労したというほどではないんですがね。強いていえばという感じですが、確かに爪は薄かったです」

そう話す中島は、しかしそれはディープインパクトの問題というよりは、牧場の問題だったと捉《とら》えている。

「ディープが放牧されていたのは、できてまだ間もない、新しい放牧地でした。土地も草もまだ整っていなくて、そういうところで放牧していると、どうしても爪に影響が出るんです。現在は地面に孔《あな》を開けて空気を入れ、根を広げるような草地改良を行っていますが、そういうこともまだしていませんでしたし。やったとしても、良い放牧地になるにはそれなりの時間がかかりますから」

難しいのは、ただ根が張って草が生えればいいというものでもないところだという。

「草の密度がある程度、濃すぎない方が、餌を探して馬がたくさん歩くので、結果的に運動量が増える面もあるんです。まさに試行錯誤ですよ」

いずれにせよ、放牧地の管理は爪の問題と繋がり、逆方向では育成馬の体力づくりに繋がっている。そしてノーザンファームが規模を大きくする中で、そういうことを考え、試行錯誤するきっかけを与えた一頭がディープインパクトであることは間違いなかった。

しかし、じつはディープインパクトは、もっと根本的なところで自分の考え方を変えたのだと中島は話す。

「それまでは骨格も含めてしっかりした馬が良い馬で、そういう馬を作るべきだというのが基本的な考えでした。でもディープが出てからは、バランス、筋肉、瞬発力が馬を走らせるんだという感覚が生まれた気がします。新しいチャンネルができたような感じです」

そんな「チャンネル」が中島の中に生まれるのは、しかしもう少し先のことだった。まだ名前のない、兄にブラックタイドを持つ「ウインドインハーヘアの二〇〇二」は、バランスは良いが小さく、賢いがやや爪の薄い、とりたてて特別なところのない馬だった。

年が明けて一歳になり、夏が過ぎてもまだ、ディープインパクトの身体に大きな変化はなかった。

「この系統は、本質的には遅咲きな系統だと思います。ディープも二歳から勝ってはいますし、三冠馬にもなりましたが、本当に完成したのはずっと後になってからだったと思います」

でも、この頃にはまだそういうこともわからない。なにしろ一歳上のブラックタイドはどんどん立派な馬体になり、騎乗調教で素晴らしい動きを見せていたのだ。それに比べ、ディープインパクトはあまりに小さく、目立たなかった。

二〇〇三年九月、中期育成を終えたディープインパクトは、次の段階である調教育成に入ることとなった。

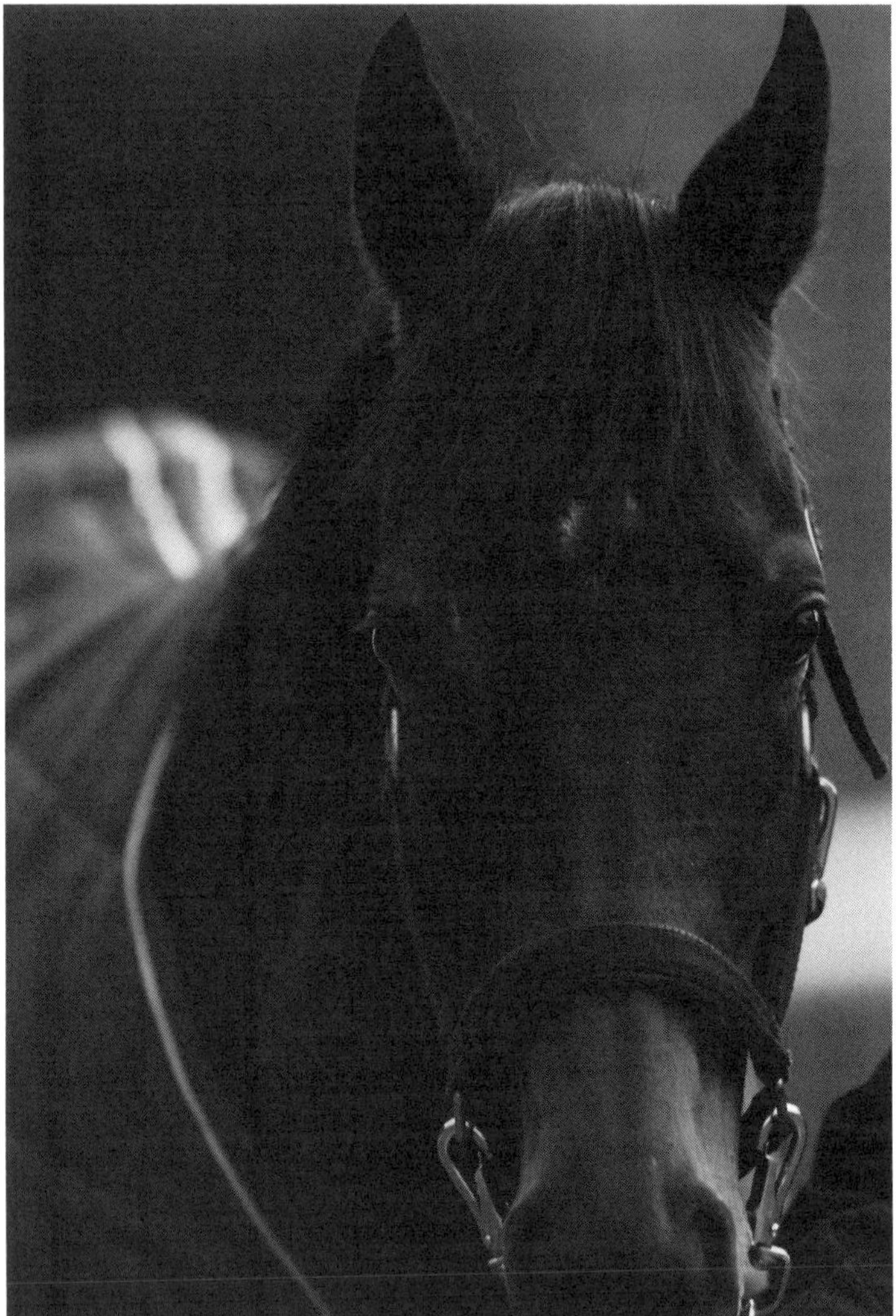

3 巣立ち

「横手厩舎」で始まった調教育成

二〇〇三年九月、約一年間の中期育成を終え、一歳の秋を迎えたディープインパクトは、次の段階である調教育成に入るため厩舎を移った。移動先は、横手裕二《ゆうじ》が厩舎長として調教の責任者を務める「横手厩舎」だった。

現在は調教主任という役職に就き、トレセンやその近郊の育成牧場との連携を担う横手は、当時は入社一五年目、ちょうど厩舎長になったばかりだった。

ノーザンファームの事務所前の道路を渡って少し行った斜向《はすむか》い、屋根付きの坂路調教コースのすぐ近くにあったその厩舎は、今はもうない。そのあたりには現在スタッフの寮が建っている。

牧場で最も古い育成厩舎だったその厩舎は、とにかく狭く、ずっと以前から取り壊しの話は出ていた。しかし、そこで育った馬から一九九六年ダービー馬のフサイチコンコルドなどが出たことで、半ば験《げん》を担《かつ》ぐような意味もあり、まだしばらく残そうということになっていた。ディープインパクトが入ったのは、そんな時期だった。

厩舎はもうないが、しかし牧場には、意外な形でその名残《なごり》が留められている。

今はなきその厩舎は、馬房の間が壁ではなく格子で仕切られていて、隣が見えるようになっていた。さらには古いせいで壊れて外れている部分もあり、隣の馬と鼻を突き合わせることまで可能だったのだ。そこで育った馬たちは、最初は隣と喧嘩をするのだが、みんなじきに慣れて、落ち着いていったという。

ところが、そんな古い厩舎からは次々と活躍馬が誕生し、ついには三冠馬まで出た。これは、そうした馬同士のコミュニケーションが重要であることの表れなんじゃないだろうか。そんな考えから、現在ノーザンファームに建てられている厩舎は、基本的にすべて馬房の間が網で、隣が見えるようになっている。すでに建っていた厩舎の馬房の壁を、改修してまで網にしたという。

横手厩舎におけるディープインパクトの担当には、伊津野貴子《いづのたかこ》が指名された。女性を担当に選んだのは、ディープインパクトがまだ小さくて非力な馬なので、小柄で軽い乗り手がいいだろうという判断だった。

この頃のディープインパクトの記憶は、人によって、関わり方によって、それぞれ少しずつ異なっている。

当時のノーザンファーム場長だった秋田博章にとって、ディープインパクトは「かわいい馬」だった。

「女の子が担当でも平気な、誰が触っても大丈夫な馬という印象です。そういう人間への従順さは、種牡馬となってから出した産駒たちにも伝わっています。父のサンデーサイレンスはそういう面では苦労しましたから、それは〝進化〟なんだと思います」

厩舎長として携わり、自分でも跨《またが》っていた横手の記憶は、少し違う。

「神経質でうるさかったですね。それは、ここを出ていくまでそうでした」

ただし「うるささ」にも種類があるのだと横手は言う。

「動物としてのうるささとか、性格の悪さからのうるささとか。後者はステイゴールドなんかがそうですね。でもディープはそれらとも違う、子供のうるささ、という感じでした。従順ではないんですが、乗るとそうでもなくて、決して扱いづらいわけではないという印象でした」

そんなディープインパクトのことを、担当の伊津野は、母のウインドインハーヘアの「ハー」をとって「ハーちゃん」と呼んでいた。朝、馬房で「ハーちゃん」と呼びかけながら世話をする伊津野の姿を、横手はよく覚えている。

「すごくかわいがっていましたね。僕にとってはあまり従順ではない、うるさい馬という印象でしたが、彼女には確かに、よく懐いていました」

並外れた俊敏さが招く「落馬」

競走馬への第一歩は、背中に鞍を置くところから始まる。ディープインパクトといえど、それは例外ではなかった。

馬房の中で鞍を置き、ハミを着ける。それができたら、ついに伊津野が跨る。ただし、まだ馬房の中の話だ。

跨ることができたら、馬房を出て厩舎の廊下を歩く。今度は外へ。二〇〇三年秋、ディープインパクトはそうやって少しずつ、広い場所へ出ていった。

周回コースに出たのは、約一ヵ月後だった。そこからさらに一ヵ月ほど経ち、キャンターがてきるようになると、他の馬たちと同様、年内には坂路コースを駆け上がるようになっていた。

のちの日本競馬史上最強馬は、育成時代にどんな走りをしていたのか。興味を持たない者はいないし、さぞかし凄かったのだろうと、誰もが考える。

「それはやはり、よく訊かれます」

横手はそう言う。そして、あまりにもそういう訊き方ばかりされると、少し困ってしまうのだとも吐露《とろ》する。

「当時から凄かったという答えありきで、誘導するように訊かれることは多いです。僕たちスタッフは、将来活躍できるのがどの馬なのかすべてわかっているという前提で訊かれると、さすがにちょっと、という気持ちになります」

実際には、ディープインパクトは牧場にたくさんいるサンデーサイレンス産駒の期待馬の中では、目立たない存在だった。小柄で、非力で、身体の柔らかさだけは跨ったスタッフが共通して印象に残ったと証言するものの、それが即、競走能力に結びつくわけではないこともまた、誰もが経験からわかっていた。もっと雄大なフットワークを見せる馬はいたし、もっとパワフルに坂路コースを上る馬はいくらでもいた。

そんな中で残っている数少ないディープインパクトのエピソードには、不思議な共通点がある。「落馬」だ。

年が明けて二歳になったディープインパクトは、しばしば乗っているスタッフを落とすようになっていった。

まずは担当の伊津野が落とされた。徐々に力はついてきたが、まだまだ子供っぽく、やんちゃなうるささの抜けないディープインパクトは、よく鹿のように飛んだり跳ねたりした。そしてその勢いで、乗っている伊津野を前に放り投げるように落としてしまうのだ。

馬術で国体にも出たことのある伊津野は、決して技術がないわけではない。

「でも力がついてきて動きが速くなると、対処しきれなくなってくるんです。それで、ひどい怪我をする前にと、別のスタッフに乗り替わりました」

そう話す横手もまた、自分で跨った際に落とされたことがあった。

「股の下から消える、という表現をするんですが、運動が終わって歩いているときなどに突然、動いて走り出すんです。気がついたときには落とされていて、馬は行ってしまっている。普通はこちらもその動きについていきますよ、仕事ですから。でも小さくて俊敏だから反応できないんです。しゅん、という感じでいなくなりましたね」

何頭かで歩いていて、ディープインパクトだけが急にそういう動きをすることは、よくあったという。

「影か、植物か、何かが動くのが見えたんでしょうね。動物としての本能が強いなと感じました。他の馬ではなかったことなので印象に残っています」

場長の秋田は獣医ということもあって自分でディープインパクトに跨るわけではなかったが、あるとき、坂路コースでの調教を見ていて、ひどく驚かされた。

「遊んでいたんだと思いますが、普通はまっすぐ走るところを、まるで猫のように横に飛ぶような足取りを見せたんです。思わず、えっ？　と驚きました。そういう馬が他にいないわけではありませんが、あそこまでの動きは見たことがありません」

のちにディープインパクトは、皐月賞のスタート直後に躓《つまず》き、落馬寸前になるほど体勢を崩しながら、大きなサイドステップでなんとか持ちこたえ、最後には勝利を収める。その瞬間に秋田が思い出したのが、このノーザンファームの坂路コースでのワンシーンだった。

見劣りした「ブラックタイドの弟」

二〇〇四年四月一五日、ディープインパクトは産地馬体検査を受けるため、ノーザンファームからすぐ近くの北海道ホルスタイン家畜市場にいた。

馬体検査は、血統登録に記載された特徴の確認や血液の検査などを行う、いわば競走馬登録の最後の段階だ。

検査自体は美浦、栗東のトレーニングセンターでも行われている。しかし夏の函館や札幌で早期デビューする馬が直接、育成施設から競馬場に入って出走できるよう、日を決めて産地の近くで行われるのが、この産地馬体検査だ。

ちなみに現在は札幌や函館の競馬場でも検査が行われているため、産地馬体検査を受ける馬は減少傾向にある。

この日、会場には全部で一八八頭の若駒が集まっていた。さらに、これだけの数の二歳馬をまとめて取材できる絶好の機会とあって、ペーパーオーナーゲーム（ＰＯＧ）関連の記事や出版物に関わるメディアを中心に、多くのマスコミ関係者も訪れていた。

もちろん、ディープインパクトもそんなメディアが取材したい一頭だった。兄のブラックタイドはちょうど春のクラシックを戦っているところで、スプリングステークスを勝ち、この三日後の皐月賞では二番人気（一六着）に推されることになるほど注目されている馬だった。

しかし、馬を連れてきたスタッフのコメントを混じえた記事のトーンは、決して高いとはいえないものだった。

小ぶりだが、動きにはバネがある。ただ、立ち上がるなど気性面には幼さも目立ち、もう少し落ち着きがほしい。現時点で兄と比較するのはかわいそうかも。概《おおむ》ねそんな論調だった。でも、それも無理はなかった。同じ会場には名牝ビワハイジの仔で、のちにクラシックで戦うことになるアドマイヤジャパンや、クロフネの全弟ということで注目されるラパルースベイなどがいた。ダイワメジャーの全弟レットバトラーや、ローエングリンの半弟ブレーヴハートも素晴らしい馬だった。それらの評判馬と比べると、ディープインパクトはまるで牝馬のように華奢で、いかにも見劣りがした。

産地馬体検査は受けたが、ディープインパクトは夏の北海道開催でのデビューを目指しているわけではなかった。

デビュー戦の時期は、入厩先である栗東トレーニングセンターの池江泰郎《やすお》調教師とノーザンファームとの間で、すでに大まかな共通の認識ができていた。二歳秋、一一月から一二月だ。

そうした調整と連絡の役割を担っていたのがノーザンファームの調教主任、安藤康晴《やすはる》だった。

「今でこそ六月から東京や阪神で新馬戦もありますし、成長に合わせて、この馬は早く入厩させよう、この馬は秋にと早い段階で決めます。でもあの頃はまだ違いました。翌春のクラシックが最大目標になるサンデーサイレンスの牡馬で、しかも市場取引された個人馬主さんの馬を夏競馬で急いで下ろす（デビューさせる）ことは、あまりなかったです。ディープは確かにまだ小さかったですが、だからというのではなく、自然な流れで秋に、ということで進んでいました。栗東の暑さが収まる九月に入厩して、一一月か一二月に長めの距離でデビュー、という感じですね」

じつはノーザンファームにおける調教主任という役職は、安藤が第一号だった。セレクトセールでの販売馬が増えるにつれ、トレーニングセンターの各厩舎と連携してそれらの馬のマネジメントを行う者がどうしても必要となり、安藤がその任に当たることとなったのだ。

それまで安藤は、厩舎長として調教に携わっており、その後任の形で厩舎長となったのが横手だった。そして現在、安藤は滋賀県のノーザンファームしがらきの事務局に移っており、横手は三名に増えた調教主任の一人となっている。

同じ金子真人氏が所有する兄のブラックタイドを預かっていたこともあり、ディープインパクトが池江厩舎に入ることはセレクトセールから間もなく、早い段階に内定していた。ちなみに馬名は、金子氏のインタビュー記事によると、あるとき自宅のリビングで特に理由もなくポンと浮かんだものだったという。

池江は二ヵ月に一度は北海道のノーザンファームを訪れ、育成段階のディープインパクトをチェックしていた。

二〇〇四年五月一〇日発売の『週刊Ｇａｌｌｏｐ』臨時増刊『丸ごとＰＯＧ２００４～２００５』のレポート記事では、〝スター候補生〟として最初にディープインパクトの名前が登場する。以下、池江のコメントを引用する。

「ブラックタイドとは毛色が違うけど、血統はすばらしいですからね。馬体も兄同様、これから大きくなってくるでしょう。順調に行けば、将来はウチの厩舎の看板馬になると思いますよ」

池江は「これから大きくなってくるでしょう」と話したが、しかしディープインパクトが大きくなることはなかった。

おそらくは生まれてから現役引退までの間で、ディープインパクトの馬体重が最も重くなったのは、ノーザンファームから滋賀県の栗東トレーニングセンターへ旅立とうかという直前だった。安藤の記憶では、最高で四七〇キロになったという。

「でも、それで栗東へ輸送して二〇キロくらい減って、あとはずっとそのくらいですもんね。小さい馬でしたが、それを気にしていたつもりはないんです。でも覚えているってことは、やっぱりどこかで気になっていたんですね」

兄のブラックタイドは五〇〇キロ前後の馬体重でレースに出走していたが、ディープインパクトは四四〇〜四五〇キロ、何度か四三〇キロ台での出走もあった。兄が「巨漢」まではいかないが「雄大な馬体」と表現される馬だとするならば、ディープインパクトは「小さすぎる」まではいかないが「明らかに小さく軽い」馬だった。

横手は、ディープインパクトが登場する前と後では、馬のサイズに対する意識が劇的に変わったという。

「小さくても個体さえしっかりしていれば、小さいままで負荷をかけられるし、強くなれる。無理に大きくすることはない。そう変わったと思います」

今、育成の現場では、小さい馬について話す際に「ディープよりは大きいだろう」という言い方が普通にされていると横手は言う。

「調教師さんに、この馬、同じ時期のディープよりぜんぜんしっかりしているし、乗り味もいいですよ、とか。ディープより、ディープと比べて、というのは、もう枕詞のようになっているんです。これって凄いことですよね」

でも、その存在がそんなふうに牧場や日本のホースマンにとっての指標となるのは、まだ少し先のことだった。

秋、ノーザンファームを後にして、ディープインパクトは栗東トレーニングセンターへと出発した。

長い旅の始まりだった。

坂路調教で評価が一変

二〇〇四年九月八日、ディープインパクトは栗東の池江泰郎厩舎に入厩した。ちょうど週末に秋競馬の開幕を控えたトレセンには、新しい季節が始まる前に特有の、新鮮な高揚感が漂っていた。

ディープインパクトが入った厩舎の建物は、今はもうなくなっている。正確には、そこは改築されて新しい建物となり、現在は音無秀孝《おとなしひでたか》厩舎が使用している。

当時、栗東トレセンでは古い厩舎の大規模な改築工事が進められていて、池江厩舎はディープインパクトが四歳の春、別の新しい建物に引っ越した。池江調教師が二〇一一年春に定年引退した後は、そこに野中賢二《けんじ》厩舎が入っている。

今はもうなくなった「旧」池江厩舎の馬房では、一九八〇年代から二〇〇〇年代初頭にかけて、多くの名馬が時を過ごした。メジロデュレン、メジロマックイーン、ステイゴールド、ゴールドアリュール。ディープインパクトが入ったのは、そんな歴史のある厩舎だった。

担当厩務員は、兄のブラックタイドも担当している市川明彦《あきひこ》。馬房は、これもやはり市川の担当であるサイレントディールの隣となった。

ディープインパクトを初めて見たのはいつだったのか、正確なところはわからないと池江は笑う。

「牧場では生まれたサンデーサイレンス産駒を全部見て歩いていましたから。ディープもその中にいたわけです。こぢんまりした馬で、いい動きをしてるなと思いましたよ」

兄のブラックタイドは「厩舎でも一、二を争うほどでした」と池江も認める、風格のある好馬体の持ち主だった。それと比べると、ディープインパクトの小ささは際立っていた。しかし。

「小さかったですが、だからといって特別にかわいがろうとか、甘やかすようなことはせず、厳しい調教をしたと自負しています。あの馬体ですから、初めは耐えられるかなと思ったこともあります。でも音を上げず、故障もなくメニューをこなしていってくれました」

池江厩舎の調教はハードなことで知られていた。そして、実際にディープインパクトの背からそのハードなメニューを実行したのが、池江の甥《おい》で、調教助手を務める池江敏行《としゆき》だった。

当時は一〇月の頭まで行われていた札幌開催に長期出張していて、開催が終わってから栗東へ戻ってきた敏行も、ディープインパクトを初めて見たときにはその小ささに不安を覚えたという。

しかし初めて跨るや、全身から伝わる別格の柔らかさに不安は消え、かつて騎乗したメジロマックイーンを思い出したほどだった。

この日からディープインパクトは敏行によって、騎手がゴーサインを出すまで待つこと、馬群が開いたら前に行くことなどを教えられていった。

そんなディープインパクトが、ついにその能力の高さで人間たちを驚かせたのは入厩から約一ヵ月後の一〇月七日、二度目の坂路調教でのことだった。

栗東の坂路コースは全長一〇八五メートルで、高低差三二メートル、最大勾配は四・五パーセント。砂ではなくクッション性に優れたウッドチップが敷き詰められており、傾斜を走ることで負荷をかけて馬を鍛えることができるこの坂路は、栗東で最も多くの馬に使われている調教コースでもある。いわゆる「追い切り」と呼ばれる本番のレースを想定した調教に使ったり、あるいは追い切りは他の平坦な周回コースを使い、坂路は日常の鍛錬に使ったりと、厩舎によって、馬によってさまざまな使い方がされている。

ちなみに坂路以外の栗東の調教コースには、ダートのBコース、ウッドチップのCコース、内側が芝、外側がウッドチップのDコース（二〇〇九年より外側はニューポリトラックと呼ばれる人工素材に変更）、他に障害練習用の芝のAコース、ゲート試験用のダートのEコースがある。

坂路コースでは、その中の四ハロン（一ハロンは一〇〇メートル）、つまり八〇〇メートルの区間を計測したタイムが負荷の目安に使われる。一流の短距離馬の追い切りならば余裕で五〇秒を切ってくるが、もちろんすべての馬がスプリンターではないし、調教の目的も違う。単純に全体が速ければいいというわけではない。それでも、手応えや乗り手の感触をタイムと比べれば、能力や調子の判断基準にはなる。

池江が敏行に出した指示は、一ハロンを一四〜一五秒のペース、四ハロンを五八秒くらいで、というものだった。一ハロンを約一五秒というのは、ちょうど競走馬が全力の手前で比較的、楽に走れている状態のスピードで、このペースで走ることを「一五・一五」と呼んだりもする。まずは「脚慣らし」、というのが池江の意図だった。

しかし計時されたタイムを見て、池江は心底、驚いた。五四秒台前半だったのだ。

「見た目は一ハロン一五秒くらいだったんです。なのに、実際は二秒も三秒も速いんですから。びっくりしましたよ」

それは、馬のタイプによっては追い切りで計時されていても決して不思議ではないタイムだった。少なくとも、厩舎に来たばかりの二歳馬が楽な手応えで出すタイムではない。

池江と同じく、厩務員の市川も驚き、いきなりそんなタイムで走ってしまった愛馬を心配して駆け寄った。しかしケロッとした顔のディープインパクトに、二度、驚かされたという。ノーザンファームの獣医だった中島は、一〇月のある日、池江が北海道へやって来て牧場を訪れたときの会話をよく覚えているという。

「ウインドインハーヘアの仔はどうですかと聞いたら、いやあ、あれはとんでもないよ、というんです。池江先生はあまりそういうことは言わない人なので、それなら相当凄いんだろうな、と思いました。デビュー戦も、あれが池江先生が凄いって言ってた馬か、と思い出しながらテレビで見ていたことを覚えています」

調教主任だった安藤も「時計を出した頃から、明らかに池江先生のトーンは変わりました。あまりに動くので、驚いたんでしょうね」と話す。

ノーザンファームの場長だった秋田も「池江さんの言葉が変わっていきましたよ。走りそう、だったのが、走る、になっていきました」と証言する。そして、こう続けた。

「あの馬は、速いところをやると一変するんです。一ハロン一四、一五秒くらいでは良さが見えてこない。よくいう、上のギアを使うと、ぐっと馬体が沈むんです。タイムを出し始めて評価が高まったというのは、そういうことなんですね」

にわかに関係者の評価が高まっていく中、ディープインパクトのデビューは一二月三週目に決まった。調教タイムからも一一月中のデビューは可能だったが、馬体の成長を見た池江が、最終的に金子オーナーと相談してそう決定した。一二月の阪神の芝二〇〇〇メートル戦というのは、偶然だが、兄のブラックタイドと同じだった。

一一月二四日には、ウッドチップのCコースで三週前追い切りが行われた。ここでも、六ハロンを八〇秒台という池江の指示とは大きく異なり、ディープインパクトは七七秒八という好タイムを叩き出した。敏行は、この仕事を始めて三〇年近くになるが、ここまで自分の感覚と実際のタイムが狂ったことはなかった、と振り返っている。

池江も「あのときは思わず敏行に、どうしたんだ、と言いました」と笑う。

「敏行も頭を抱えてましたよ。おかしいなあ、そんなに速いと思わなかったんだけどなあ、って」

一二月一五日には、騎手の武豊が跨って最終追い切りを行った。

「新馬戦の調教が終わって戻ってくるときに豊くんが、素晴らしい馬ですね、ちょっと違いますよ、ってニコニコしながら言ってくれたんです。そんなベタ褒《ぼ》めすることなんてない豊くんが、と、今でも覚えています」

池江は嬉しそうにそう振り返る。

そして迎えた一二月一九日、日曜日。日本競馬の歴史を塗り替える衝撃の伝説が、幕を開けた。

69

巣立ち

4 出陣

新馬戦の衝撃、規格外の若駒ステークス

レースを終えて検量室前に戻った武豊は、馬を迎えに出てきた調教助手の池江敏行に向かって開口一番、「派手にやってしもうたわ」と言った。

数え切れないほどの名馬の背中を知る武豊ですら、思わず高揚してそんな言葉を漏らしてしまう。そのくらい、たった今ディープインパクトが新馬戦で見せた走りは衝撃的で、胸躍るものだった。

スタートはお世辞にも速いとはいえなかった。やや出負け気味にゲートを出たディープイ

ンパクトは、九頭立ての四、五番手を追走。超スローペースにも折り合って進むと、三コーナー過ぎから外を楽に進出していき、直線を向いたときにはもう先頭に並んでいた。

他馬との手応えの差は歴然だった。見ている誰もが、ああ、これは楽勝だ、と感じた。実際は、それ以上だった。

直線に入ってもまだしばらくは、逃げたコンゴウリキシオーが離れた内で懸命に粘っていた。ちなみにコンゴウリキシオーは、この次走から三連勝でGⅢきさらぎ賞を勝つほどの実力馬だった。

しかし残り二〇〇メートル過ぎ、坂に差しかかるあたりで、明らかにディープインパクトのギアが一段上がった。

一瞬で突き放すと、あっという間に差が広がる。手綱《たづな》が抑えられても加速は続き、どこまで伸びるのかと見る者が恐ろしささえ感じたところがゴールだった。

実質二〇〇メートルで二着馬につけた着差は四馬身。三ハロン三三秒一の上がりタイムは、古馬も含めて、それまで阪神内回りの芝二〇〇〇メートルで行われたどんなレースの、どの出走馬よりも速いものだった。

調教の時点から、これは凄い馬に出会ったかもしれないと感じ、周囲にもそう話していたという武豊の唯一の懸念は、まさにその「速く走りすぎるところ」だった。調教と実戦は違う。そのスピードを二〇〇〇メートルでコントロールできるのだろうか？　しかし、それは杞憂《きゆう》に終わったのだった。その日から武豊とスタッフたちとの間では、「大事にしなくちゃ」が合言葉のようになった。

この前週にはＧＩの朝日杯フューチュリティステークスが行われ、マイネルレコルトが世代の王者になっていた。だがディープインパクトの「派手」な勝ち方は、それすら霞《かす》ませるのに十分なものだった。

一気に注目を集めはじめたディープインパクトの二戦目は、連闘になるＧⅢラジオたんぱ杯二歳ステークスでも、年明けすぐのマイルＧⅢシンザン記念でもなく、一月二二日に京都で行われるオープン特別の若駒ステークスとなった。デビュー戦からは中四週の間隔、距離は同じ二〇〇〇メートルだった。

調教師の池江泰郎は「経験上、ここをうまく勝てばクラシックに行けますから」と、この選択の理由を説明した。ちょうど一年前、池江は全兄のブラックタイドでこの若駒ステークスを勝ち、そこからきさらぎ賞二着、スプリングステークス一着を経て、皐月賞に出走させていた。

七頭立ての少頭数にもかかわらず、若駒ステークスはタイトな流れのレースとなった。テイエムヒットベとケイアイヘネシーが二頭で飛ばし、前半一〇〇〇メートルは五九秒三。三番手以降は一〇馬身以上離れて三コーナーに入っていく。ディープインパクトはまたも出負け気味のスタートから、最後方でレースを進めていた。

直線を向くと、ケイアイヘネシーがテイエムヒットベを交わして先頭に立った。ケイアイヘネシーは、ディープインパクトと同じ池江厩舎の馬だった。

「向正面あたりでは、もしかしたらこっちが勝つんじゃないかとも思いましたよ。ディープはまだ、だいぶ後ろでしたからね。でも四コーナーを回ったら、もう脚がぜんぜん違いました」

池江の言う通り、そこからの末脚はとんでもないものだった。ただ鋭い、速いというだけではない。スピードに、さらにスピードが乗っていくような終わらない加速感であっという間にケイアイヘネシーを捉えて交わすと、最後は手綱を抑えながら五馬身差をつけてゴール。上がり三ハロンは三三秒六だった。

ある意味、新馬戦よりも「派手」なレースとなったが、武豊は「今回はただ跨っていただけ」と涼しい顔だった。

「前の馬が飛ばしたのであんなレースになりましたが、まず負けないだろうとは思っていましたからね。それよりもダービーが大目標なので、東京の二四〇〇メートルを走るために、いい走らせ方をしていこうとだけ考えていました」

あまりに規格外の勝ちっぷりにスタンドのざわめきは止《や》まず、見ていた関係者たちも、驚嘆の色を隠そうとはしなかった。池江は、レース後にあちこちから聞こえてきた「強いなあ」という声が、今でも耳に残っているという。

衝撃は、はるか遠く北海道にも届いていた。ノーザンファームの事務所のテレビでレースを見ていた横手裕二は、自分が厩舎長として育成し、数ヵ月前に送り出した馬の走りに、心から驚いていた。

「そういうことって、まずないんです。追い切りで速いタイムを出したり、新馬戦で強い勝ち方をしても、それがそのまま続く馬はほとんどいません。この仕事でそれなりに経験を積むと、そういうことはわかってきます。でもディープの若駒ステークスだけは違いましたね。これは本当に凄い、と思いました」

横手だけではなく、誰もが同じ思いだった。そしてここからディープインパクトの周囲はどんどん騒がしくなっていく。池江は懐かしそうに振り返る。

「若駒ステークスからですね。あそこから、人気も何も、もう止まりませんでした」

科学でも証明された能力の高さ

弥生賞を目前に控えた三月三日、スポーツ新聞に、ディープインパクトの能力の高さが科学的に数値で証明されたという興味深い記事が載った。

ＪＲＡ競走馬総合研究所はこの四年前の二〇〇一年より「ＶＨＲｍａｘ」という指標で競走馬の体力を検査する研究を進めていた。Ｖは速度、ＨＲは心拍数、ｍａｘは最大。「最大心拍数到達時の速度」を示すこの指標は、簡単にいえば最も苦しい最後の直線で、どれだけの末脚で走れるかを示していた。

このプロジェクトのポイントは、現役馬の、しかも追い切りをはじめとした調教時に馬の体に機器を付け、心拍数や速度の計測を行うところにあった。

記事には、ディープインパクトが一二月のデビュー戦の追い切り時に、二歳馬の平均一三・四（単位はｍ／ｓ）を大きく上回る一六・三というＶＨＲｍａｘの数値を記録していたとあった。

そして三月二日に行われた弥生賞の直前追い切りでは、馬なりにもかかわらず三歳馬の平均一四・〇を上回る一五・八を記録。これは時速に換算すれば、最大心拍数到達時に他の馬より六・四八キロも速いスピードを出していることを示している。ディープインパクトの末脚の鋭さは、科学でも証明された。記事の内容は概ねそんなところだった。

ディープインパクトがこの研究の対象馬に選ばれたのは、たまたまだった。

計測馬は、東西のトレーニングセンターの競走馬診療所が、協力を得られそうだと判断した調教師に打診して決めていた。研究を開始した二〇〇一年には当時五歳だった名馬テイエムオペラオーも協力しており、得られた心拍数などのデータは、後に貴重な比較対象として活かされていた。

とはいえ、研究の性質上、対象馬はできるだけさまざまなタイプであることが求められる。また、なにしろ現役馬なので、同じ馬を継続的に測れることもあれば、一度だけで終わる馬もいた。そのあたりは研究者の要望というよりは調教師によるところが大きく、そして池江は、非常に協力的な調教師の一人だった。

JRA競走馬総合研究所の高橋敏之《としゆき》によると、最初に相談に行った際、池江はサンデーサイレンス産駒を何頭か候補に挙げてくれたのだという。その中に、デビュー前のディープインパクトがいた。

計測後には、必ずデータを調教師に見せて説明する時間が持たれた。ディープインパクトは他の馬とどう違うのか。前走とはどう変わったか。池江はいつも、それを興味深く聞いていた。

「最初は一、二回で終わると思ったんです。でも、まだ続けさせてほしいと言われて。僕も中途半端はよくないと思って、お任せしました。いろいろと体に付けたり、神経質な馬ならストレスになったかもしれませんが、ディープはよく我慢してくれましたよ。ダービーへ向けて変わっていくディープの中身を数値で見られたのは、僕自身、すごくよかったなと思います」

一方の高橋は、ディープインパクトが勝ち続け、注目を集めるに従い、プレッシャーも感じていたという。

「ある時点からは、大勢で行くのはやめようということになって、計測器を付ける一名以外は離れて遠巻きに見るようにしました。あれほどの馬で徹底的にデータが取れたのは、調教師が池江さんだったからこそです。それは間違いありません」

この研究はすでに完了し、今は行われていない。しかしその発想やノウハウは、例えば「ホースコール」のような民間の計測機器の開発、運用などにも繋げられている。

あの圧勝を可能としている性能の高さは、科学でも証明された。そして、そんな噂の怪物が、ついに関東にやって来るのだった。

「クビ差」だった弥生賞

三月六日、日曜日。二日前に降った雪がまだコース脇に残り、きつく冷え込んだ中山競馬場に、ディープインパクトをひと目見ようと五万二三〇一人の観客が訪れた。GⅡでは考えられない数もさることながら、異様なのは応援の熱気や興奮ともまた違う、大量の好奇心が厚くたち込めた、その雰囲気だった。

二歳王者マイネルレコルトがいるにもかかわらず、ディープインパクトの単勝は一・二倍、その支持率は七一・五パーセントにも達した。これは稀代のアイドルホースとして知られるハイセイコーの中央初戦となった一九七三年弥生賞の六八・五パーセントをも上回る、とんでもない数字だった。

いったい今日は、何馬身差の圧勝劇が見られるのだろうか。そんなファンの期待は、しかし肩透かしを食らった。

相変わらず遅めのスタートから後方二、三番手を進んだディープインパクトは、三コーナーから馬なりで大外を進出。直線、二番手から抜け出そうとするマイネルレコルトを残り二〇〇メートルで楽々と交わす。しかしこの日は、そこから差が広がっていかなかった。

その隙《すき》を突くように、離れた最内から出し抜けにアドマイヤジャパンが伸びてきた。再び加速するディープインパクト。ゴール前は際どくなったが、クビ差でディープインパクトが先着していた。

見た目は冷や汗ものだったが、しかし当の武豊は至って平静だった。

「長距離輸送も初めてで、そんなに仕上げた感じではありませんでしたしね。とにかく外を回って無難に、消耗させせないレースをしようと池江先生とも話していました。馬も、あまり本気を出さなかったところもありましたし」

確かによく見ると、武豊は鞭すら入れていなかった。ディープインパクト自身も、直線で手前（走るときに左右の脚のどちらを前に出すのか）を替えないまま走りきっている。

多くの場合、馬は苦しくなったり脚の疲れを感じたりすると自分で手前をスイッチして、そこからまた頑張ることができる。騎手が促す場合もあるが、いずれにせよ、それをしなかったということはディープインパクト自身にはまだ余裕があったということだった。

さらには、アドマイヤジャパンがスローペースの三番手から最内を抜け出すという完璧に無駄のない競馬をしていたのに対し、後方から終始、大外を回ったディープインパクトのロスは甚大だった。それで勝ったこと自体、普通ならば驚かれるべきことなのだ。

細部を確認するほどにわかってくる底知れなさは、着差が物足りないという声を打ち消して余りあった。そして実際に、こんな「クビ差」などピンチでもなんでもなかった。本当のピンチはこの次走、皐月賞のスタート直後に待っていたのだった。

「走っているというより、飛んでいる感じ」

ゲートが開いて一歩目を踏み出したディープインパクトの体が、ぐにゃりと沈んだ。躓《つまず》いた、と思う間もなく、体勢が大きく左へ崩れる。体を捻《ひね》り、前脚を素早く左へステップさせて懸命に踏ん張る。ようやく正面を向くと、すでに他の一七頭は四馬身ほど前にいた。

デビュー戦から出負け気味のスタートが続いたように、ゲートは決して上手ではなかった。入厩後のゲート試験では一度、落ちていたし、調教助手の池江敏行も「センスはない方だった」と認める。この中間も本番直前まで練習したが、あまり上達していなかった。

ただし、躓いたこと自体はゲートの上手、下手とはまた別の不運に過ぎなかった。武豊によれば、もともとゲートの中は嫌いだったが、ＧＩということで初めてきっちり仕上げられ、馬も張り詰めて落ち着きがなかった。さらに、アドマイヤジャパンのゲート入りに時間がかかって待たされた。その際に使用された鞭の音を聞いて、またイレ込んだ。そしてゲートが開かれ、一歩目で躓いてしまった。そういうことだった。

見ていた誰もが、落馬した、と思った。

好天の中山競馬場には八万五一四六人が詰めかけていて、その多くがディープインパクトの勝利を疑っていなかった。単勝一・三倍、支持率は一九五一年トキノミノルの七三・三パーセントに次ぐ皐月賞史上二位の六三・〇パーセント。出遅れで済んだのは、まさに不幸中の幸いだった。

「ノーリーズンのこともあるから、ドキッとしましたね」

そう振り返る武豊は、この三年前の菊花賞で、一番人気のノーリーズンでスタート直後に落馬した経験があった。

「スタンドが沸いたのがわかりました。でも慌《あわ》てはしませんでしたね。まだ二〇〇〇メートルある、という気持ちでした」

その言葉通り、ここからディープインパクトは、まるで一頭だけで走っているかのように他の馬たちの外を通り、自分のペースで二〇〇〇メートルを走り切ることとなる。

正面スタンド前で一頭を交わし、後方二番手で一～二コーナーを回る。向正面に入るとすぐ、残り一〇〇〇メートル標識のはるか手前から進出を開始。一頭、また一頭と交わしていく。三コーナーでは中団、四コーナーではもう先団の直後。ここで武豊が、左手で鞭を入れた。続いて、手綱を激しく動かしてコーナーを回る姿がターフビジョンに映る。

「四コーナーで気を抜いて一瞬、手応えがなくなったんです。それでデビューしてから初めて、レースで鞭を入れました。驚いたような反応をしていましたね」

直線を向いてからは、ただただ圧巻だった。早めに仕掛けたマイネルレコルトを、残り二〇〇メートルで外からあっさり交わす。内からアドマイヤジャパンが抜けてくるが、これも突き放す。あっという間にセーフティリードが開く。仕掛けを遅らせたシックスセンスが後方から伸びてくるが、すでにディープインパクトの手綱は抑えられているにもかかわらず差は詰まることなく、二馬身半差でゴール。まさに唯我独尊《ゆいがどくそん》の走りだった。

アグネスタキオン以来となる史上一六頭目の無敗での皐月賞制覇に、調教師の池江は、嬉しいというよりはホッとした表情で「無事にクリアしてよかった。馬よりこっちがバテ気味や」と笑った。

出迎えた池江敏行は喜びよりもまず、躓いたことによる怪我の心配をした。しかし、脚には何の問題もなかった。

ノーザンファーム調教主任の安藤康晴も、真っ先に同じ心配をしたという。

「ディープのレースで最も驚いたのが皐月賞です。あれで怪我がないなんて、天性の体の柔らかさのおかげですよ」

レース後のインタビューで直線での走りについて訊かれた武豊は「この馬、凄いですね」と、ただ感心するしかないという様子で言った。そして、どう凄いのかもう一言、と促されて出たのが「走っているというより、飛んでいる感じ」という言葉だった。

ディープインパクトの代名詞となる「飛ぶ」というフレーズが生まれた瞬間だった。

しかし、そんな「飛ぶ」走りを支える脚元には、このときすでに一刻の猶予もない、重大な問題が発生していた。

ギリギリの蹄を救った「接着装蹄」

装蹄師の西内荘《にしうちそう》が初めてディープインパクトの脚に触れたのは、入厩した直後の、まだ蹄鉄も履《は》いていないときだった。

「最初に脚を持った瞬間、長い装蹄師生活の中でも経験したことのない柔らかさ、バネを感じて、驚かされました。同時に、釘を打つとぴりっと痛がるような反応があって、蹄《ひづめ》（蹄《てい》壁《へき》）がとびきり薄いこともわかりました」

しばらくして、西内は後脚の蹄鉄の減りが、やけに遅いことに気づく。

「初めは体重が軽いからだと思ったんです。でも、それにしても減らない。他の馬の倍はもつんです。考えて行き着いたのが、走り方が特殊なんだという結論でした。グリップが異常に利くフォームなので蹄鉄が滑らず、だから減らない。ただ、普通は能力の高い馬ほど蹴りも強いので、早く減るんです。こんな馬は見たことがありませんでした」

問題は、蹄の薄さの方だった。後脚の二本の蹄は蹄鉄を替えるたびにボロボロになり、釘を打つ場所すらなくなっていった。釘が神経に触ってしまえば、痛くてレースに影響が出る。かといって軽く付けただけでは落鉄してしまう。西内の苦心の装蹄が続いた。

蹄の状態が深刻さを増していることは当然、調教師の池江も知っていた。

「皮膚も蹄も、薄い馬でしたからね。西内くんも相当、苦労していましたよ」

弥生賞の前からは、西内は毎日、池江厩舎を訪れてディープインパクトの蹄を見るようになった。担当馬は栗東トレセン中にたくさんいるが、一頭を毎日見ることなど異例中の異例だった。

レース当日も中山競馬場まで行った。GⅠ以外で、担当馬のためだけに競馬場へ行くこともまた、後にも先にもないことだった。

「脚元や蹄鉄に異常がないか、直前までチェックしないと心配だったんです。それくらい、ギリギリの状態でした」

皐月賞を勝つ頃には、もう蹄壁にはまったく余裕がなくなっていた。武豊を背に「飛ぶ」ように走るアイドルホースが、無敗の二冠馬を目指してダービーへ向かう。社会現象と呼べる人気の高まりの裏で、西内は悩み抜いた末、ある決断について池江に相談した。釘ではなく、エクイロックスという接着剤で蹄鉄を着ける、接着装蹄の採用についてだった。

この約一年半前の二〇〇三年秋、西内は池江泰郎の息子で、当時、技術調教師だった池江泰寿《やすとし》に紹介され、アメリカでウェズ・シャンペンという装蹄師に会っていた。彼が考案した新しい技術は、従来の接着装蹄の問題点を解決する画期的なものだった。西内は衝撃を受け、さっそく自分でもそのやり方を取り入れた。

最初は失敗もあった。接着剤が少なければ落鉄し、多ければ蹄と蹄鉄が密着しすぎて、地面に脚が着いたときに蹄が広がる本来の自然な動きを妨げてしまった。いずれにせよ、それは日本では西内しかトライしていない技術で、自分でノウハウを得ていくしかなかった。

この時点で、西内には接着装蹄を始めて二〇年、約二〇〇頭の経験があった。しかしGI馬に施したことは、まだ一度もなかった。

「厩舎で、池江先生と二人っきりになったときに相談しました。もうこの方法しかありません、と。接着装蹄はすでに厩舎の他の馬でもやっていたので、先生も知っていました。失敗したことも、だんだんうまくできるようになっていることもです。大丈夫か、自信あるのか、と訊かれて、自信あります、と答えました。それで決まりました」

ＪＲＡの許可の問題もあった。開催日の競馬場には当番の装蹄師がいて、出走馬の蹄鉄をチェックし、レース前に落鉄があれば打ち直す。しかしこの接着装蹄は日本で西内にしかできない。そしてレースは、ダービーなのだ。

「それで、不測の事態に備えて僕が装鞍所からゲート裏まで全部付くことで許可をもらいました。池江先生も、自分がすべて責任を持つから、と言ってくださって」

こうしてついに、接着装蹄にゴーサインが出されることとなった。

蹄鉄の心配がなくなったディープインパクトは、そこから思う存分、ダービーへ向けて鍛え上げられていった。

三週前と二週前の追い切りは、細かなタイムの指示はあったが、折り合い重視の調教だった。それが一週前追い切りからはガラリと様相が変わった。

テレビカメラ五台、三〇人もの報道陣の前で敢行されたのは、ウッドチップのＤコースで六ハロンを七八秒二という、凄まじく速いタイムでの猛調教だった。オープンクラスの馬でも八〇秒台なら優秀、七八秒台前半など、出そうとしても出せる馬はそういない。そういうタイムだった。

さらに翌週、レース当週の水曜日も七八秒三。しかし「池江流」ハードトレーニングの真骨頂はここからだった。

二日後の金曜日、池江が調教助手の敏行に指示したのは、四ハロン五五秒。それ自体は凄まじく速いというものではない。だが、そこまで負荷をかけて仕上げてきた馬がレース二日前に出すタイムとしては、普通では考えられないものだった。

遅ければ、池江の目指す究極の仕上げにはならない。逆に速すぎれば疲れを残してしまい、すべてが台無しになってしまう。

そんな状況の中、計時されたのは五五秒一。池江が「憧れのレース」と語るダービーへ向けて、まさに悔いのない、完璧な仕上げが叶《かな》った瞬間だった。

5 悲願と偉業

究極の仕上がり

池江泰郎はダービーへの思いを訊かれると、いつもこう答えてきた。

「雲の上にある、憧れのレースです」

宮崎から出てきて競馬の世界に入ったのは一六歳。一八歳で騎手免許を取得すると、快足牝馬ヤマピツトで重賞を四勝など活躍し、「逃げの池江」とも呼ばれた。

初めてのダービーは一五年目の一九七三年、三二歳の春だった。ハイセイコーが単勝支持率六六・六パーセントの記録的な人気を集めた年だ。池江が乗ったのはヤマピツトの初仔ボージェスト。二七頭立ての二四番人気だった。タケホープが勝ち、稀代のアイドルが三着に敗れて悲鳴が巻き起こる中、最下位に終わったそのレースが、池江の騎手としての最初で、そして最後のダービーとなった。一生、忘れられない思い出だ。

調教師としての最初のダービーは開業九年目の一九八七年、ヤマニンアーデンで臨《のぞ》み、メリーナイスの一六着だった。その次の挑戦は二二年目、二〇〇〇年のアタラクシア。アグネスフライトとエアシャカールが競り合う少し後方で、三着に終わった。二〇〇二年にはゴールドアリュールでタニノギムレットの五着。ノーリーズンは二番人気に推されていたが八着に敗れ、またしても悲願は成らなかった。

騎手としては、八大競走は勝てなかった。しかし調教師になってからは皐月賞も、菊花賞も制した。海外GIだって勝ったし、関西のリーディングにも輝いた。

しかしダービーだけは、ここまで二六年間で六頭を出走させたが、一度も勝てていなかった。池江にとってダービーは、この世界に入ってから六四歳のここまでの四八年間、ずっと変わることなく、憧れの、雲の上のレースであり続けていた。

二〇〇五年五月二九日、ダービー当日。池江はこの日のため新調したシックなグレーのスーツに身を包んだ。頭には、これも初めてソフト帽を被った。皐月賞は無事に勝つことができたが、ダービーは、また気持ちを新たにして臨みたい。そんな思いからだった。一つのレースのためにそんなことをしたのは初めてだった。

ネクタイは赤にした。ディープインパクトの入った三枠の色だ。皐月賞でも七枠に合わせて淡い橙色のネクタイを締めた。ふと見ると、金子真人オーナーのネクタイも赤だった。

ディープインパクトの人気は、すでに社会現象となっていた。単勝オッズは一・一倍。支持率はハイセイコーを超え、ダービー史上最高の七三・四パーセントに達した。東京競馬場の開門待ちの列は、徹夜組の一九九〇人を含む七八〇七人。府中本町駅からの連絡通路には収まらず、階段を下りた外の道にまで溢《あふ》れていた。

通常より早い朝の七時半に門が開くと、いわゆる「開門ダッシュ」とともに、場内は瞬く間に埋まっていった。グッズ売り場には人だかりができ、ダービーに合わせて特別に制作されたディープインパクトの等身大の像の前ではファンが次々と記念撮影を行った。

ノーザンファームの厩舎長として育成に携わった横手も、北海道から観戦に訪れ、駅からの通路までもがディープインパクト一色に飾りつけられているのを見て驚いた。

「完全にディープが勝つ、みたいな雰囲気なんですからね。関係者はすごいプレッシャーだろうなと思いました」

そんな盛り上がりをよそに、ディープインパクトは馬房で直前まで寝ていた。厩務員の市川によれば、馬体検査の獣医師が来てもまだ寝ていて、ニンジンを見せてようやく起きたという。

しかし、そんなリラックスムードはいざパドックへ出ていくと一変した。

市川と敏行の二人引《ににんび》きで周回するディープインパクトのテンションは、誰の目にも、これまでで最も高かった。チャカつき、時折、首を激しく上下させる。特に目立ったのが尻《しり》っ跳《ぱ》ねで、両後脚を高く上げて宙を蹴るたびに、立錐の余地もないパドックには静かなどよめきが広がった。

だが池江はその様子を、元気が有り余っていて、走りたい気持ちになっているな、と思って見ていた。池江にとって、それは愛馬が身体面、精神面ともに究極の状態に仕上がった証明に映っていたのだ。

装蹄師の西内にはこの日、発走直前のゲート裏までディープインパクトに付いていき、蹄鉄に何かあった際に備えるという重要な役目があった。脚元に施された接着装蹄は日本で西内にしかできないもので、GⅠ出走馬に施すのは、これが初めてだったからだ。パドックでディープインパクトが元気よく跳ねるたび、西内はヒヤヒヤしながらその脚元に目を凝らし続けていた。

西内の他にも、まさにここから最大限の集中が求められる者がいた。武豊だ。

「パドックで跨ってからは、いろんなことに気を使いましたね。決しておとなしい馬ではないですから」

パドックから地下馬道を通り、本馬場入場。返し馬を経て、四コーナー奥の待避所へ。オペラ歌手の錦織健《にしきおりけん》さんの国歌独唱が終わると、スタンド前のゲートへと向かう。その移動中にも尻っ跳ね。ゲート裏でも首を激しく上下させるディープインパクト。

池江が、そして日本中の競馬ファンが待ち望むシーンまでは、あと少しだった。

直線大外を「独走」

またしても、出遅れだった。伸び上がるようにスタートして、走り出した頃には、すでに周りの馬は先に行っていた。ただし、武豊が「前走のように躓かなかったですし、まずは『よし』と思いました」と振り返るように、それは不安が的中したというよりは「予定通り」に近い、想定の範囲内の出遅れだった。

先手を奪ったコスモオースティンを続々と他馬が追う。熾烈な位置取り争いを前に見ながら、ディープインパクトは一八頭中の一五番手で一コーナーに入った。

「一コーナー、二コーナーとも一瞬、ちょっと掛かりそうになったんです。でも、我慢してくれました」

レース前のテンションの高さを考えれば、まさにここが武豊とディープインパクトにとっての大きな山場ともいえた。

向正面、コスモオースティンは平均ペースで馬群を引っ張っていく。続いてシャドウゲイト。三番手集団には二、三番人気のインティライミとダンツキッチョウがいた。二頭はそれぞれ京都新聞杯、青葉賞を勝っての参戦で、皐月賞には出ていない。ディープインパクトと未対戦の馬が二、三番人気という状況は、このダービーの構図をよく表していた。ちなみにインティライミの単勝は一九・五倍、ダンツキッチョウは二五・四倍。記録的な「一強」状態だった。

縦長の馬群も幸いし、ディープインパクトは後方の内で折り合いながら、少しずつ上昇して三コーナーに入った。

「どこかで外に出そうと思って、そのタイミングだけを見ていました。三コーナーを少し過ぎたところで、一瞬ですが、出られるタイミングがあって」

いつの間にか、という感じで武豊はディープインパクトを馬群の外に出し、一気にポジションを上げた。そのまま四コーナーを大外で回って直線へ。道中ずっとマークするように進んできた皐月賞二着馬シックスセンスの四位《しい》洋文《ひろふみ》が「あっ、と思ったらもう相手は外にいました」と振り返るほど、その反応は鋭かった。

「レースは、一つずつクリアしていく感覚でした。一コーナー、ＯＫ。二コーナー、ＯＫって。外に出せて気が楽になって、四コーナーで、あとは思い切りまっすぐ走るだけという形を作れたので、もう大丈夫だと思いました。直線はもう、なんて凄い馬なんだ、って感動しながら乗っていました」

離れた内ラチ沿いでは、インティライミが抜け出して粘っていた。四コーナーで最内を突いて先頭に立ち、一気に後続を突き放したその騎乗は、鞍上《あんじょう》の佐藤哲三《てつぞう》も「完璧に乗れた」と胸を張るものだった。四位洋文のシックスセンスも、馬群の中央を割って懸命に脚を伸ばしている。しかしディープインパクトの走りは、そんな他馬の頑張りとは文字通り、無関係の地平にあった。

東京競馬場の広い芝コースの大外を、ディープインパクトはただ一頭、ひたすらに伸びた。これぞ「独走」だった。

ゴールしたとき、インティライミには五馬身の差がついていた。上がり三ハロンは他の出走馬より一秒以上も速い三三秒四。勝ちタイムの二分二三秒三は前年のキングカメハメハと同じで、東京芝二四〇〇メートルのタイレコードだった。

金子オーナーは、そのキングカメハメハに続く二年連続でのダービー制覇だった。また武豊は、史上最多を更新するダービー四勝目となった。

一四万一四三人の「ユタカ」コールに包まれてウイニングランを行う武豊とディープインパクト。しかし池江はそのコールを聞く前に、調教師席から検量室のある地下へと降りるエレベーターに乗っていた。

後からいくら思い出そうとしても、このあたりで誰に、どんな祝福の声をかけられたのかは、もうよく覚えていない。そのくらい、気持ちがふわふわと舞い上がっていた。

「勝ったのか。ダービー獲《と》ったのか、オレも。そんなことを、頭の中で何度も繰り返していた気がします」

JRAのキャンペーンキャラクターであるSMAPの中居正広さんがプレゼンターを務めた表彰式の間も、池江はずっと夢を見ているような気分だった。

ディープインパクトの四四八キロという馬体重は、グレード制以降のダービー馬の史上最少記録だった(その後、オルフェーヴルが四四四キロで更新)。

小さなウインドインハーヘアの仔は、ついに小さいまま、偉大なダービー馬となったのだった。

池江の長年の夢を圧倒的な形で叶え、ファンの大きな期待にも、それ以上に派手に応えてみせた。ダービー後の武豊の「この馬で勝つと、みんながこんな幸せそうな顔になるんだって思いました」という言葉は、そうした運命と能力の持ち主であるディープインパクトの本質を、端的に言い表していた。

強化合宿のテーマは「我慢」

神戸新聞杯から菊花賞へ向かうという秋のローテーションは、ダービー後、ほどなく決まった。ただ、すぐには決まらなかったこともあった。夏を過ごす場所だ。

選択肢はいくつかあった。北海道の生まれ故郷ノーザンファーム。池江厩舎が利用していた滋賀県のグリーンウッドトレーニングのような、栗東トレセン近郊の育成牧場。そして、栗東の厩舎。

金子オーナーの要望は「このままのリズムで」というもので、池江もその方針に賛成だった。オーナーからは、もし栗東の厩舎で夏を過ごすならば、新たに冷房を設置する費用を負担してもいいという申し出もあった。

しかし池江は考えた末、その中のどれでもない決断を下した。札幌競馬場に滞在して調整するという方法だ。

池江厩舎は例年、夏の札幌開催に参戦させる何頭かを、スタッフとともに札幌競馬場に長期滞在させていた。ディープインパクトは夏のレースに出るわけではないが、いっしょに行けば、栗東の暑さはもちろん、冷房の人工的な涼気とも違う、自然で快適な気候の中で過ごせる。

そして何より、牧場とは違い、いつもと同じスタッフで、いつもと同じように厩舎が組んだ調教メニューをこなせる。「同じリズム」で過ごせるのだ。

「側《そば》にいればいつも様子を見られて安心ですし、とにかく手元で調整したいと思って、オーナーに相談して任せていただきました。でも、本当は他の馬もみんなそうしてあげたいんです。馬房数に限りがあってできないだけで」

この一五年前の夏、池江は三歳のメジロマックイーンを北海道で調整し、秋に菊花賞で大輪の花を咲かせていた。メジロマックイーンが滞在したのは函館競馬場だったし、ディープインパクトとは違い、菊花賞出走のために函館のレースで賞金を上積みする必要もあった。しかし三歳馬を夏の北海道の競馬場で鍛え、秋に菊花賞を勝たせたという経験は、池江にとって貴重な財産になっていた。

ダービーを終え、約一ヵ月を厩舎で過ごして春の疲れを取ったディープインパクトは、七月一〇日、長い輸送を経て札幌競馬場に到着した。馬房が隣で、同じ市川が担当する二歳上のサイレントディールもいっしょだった。

池江敏行が「強化合宿」と呼んだこの期間のテーマは、「我慢」だった。身体面はもう鍛える必要はない。しかし三〇〇〇メートルを走るには、この馬の長所であり課題でもある、勝ちたい、走りたいという強い気持ちを、もっとコントロールできるようになる必要があった。それは武豊も含めたスタッフみんなの共通認識だった。

指示があるまでは、併せている馬や前の馬を抜きにいかない。言葉にすれば簡単だが、ディープインパクトはこれがひどく苦手だった。しかし敏行の根気と持ち前の賢さで、この課題を驚くべき速さでクリアしていった。また、尻っ跳ねの癖も矯正された。

丸二ヵ月にわたった札幌合宿の最後を飾ったのは、台風による雨の中で行われた神戸新聞杯の二週前追い切りだった。ここで、鞍上の指示に完璧に従った落ち着いた走りで夏の成果を示したディープインパクトは、九月一一日、札幌を出発。翌日、栗東に帰厩した。

前哨戦で不安を一掃

ダービーからここまでのすべては、三冠馬となるためにあった。

三歳馬による大レースである皐月賞、ダービー、菊花賞の三つすべてを制した三冠馬は、それまでの日本競馬で五頭、誕生していた。

一頭目はセントライト、戦前の一九四一年の話だ。現在の皐月賞である横浜農林省賞典四歳呼馬《よびうま》が創設され、「三冠」そのものが誕生してからまだ三回目のことだった。

二頭目は一九六四年のシンザンだった。セントライトからじつに二三年、戦後では初の三冠馬となった同馬は、その後「シンザンを超えろ」の合言葉とともに、長く日本競馬の指標となっていく。それはつまり、三冠馬こそが日本の競馬の頂点であるという考え方がはっきりと意識された瞬間でもあった。

一九八三、八四年にはミスターシービーとシンボリルドルフがそれぞれ三冠を制した。シンザンから一九年も現れなかった三冠馬が突如、二年連続で誕生したのだ。不器用な追い込みが武器のミスターシービーと、エリートとして育成され、先行抜け出しの優等生的な競馬で史上初の無敗の三冠馬となったシンボリルドルフ。対象的なスタイルやキャラクターを持つ二頭は比較がしやすく、同じ三冠馬でもここまで異なるタイプが存在するという事実は「三冠馬」自体のイメージをより具体化し、広げた。

一九九四年、シンボリルドルフから一〇年ぶりに現れたナリタブライアンは、オグリキャップが作った競馬ブーム以降では初の三冠馬となった。暴力的とすら呼べる強さで後続をぶっちぎり続けた底知れない「怪物」感は、シンザンを含めたそれ以前の三冠馬たちをたちどころに旧世代のものにしてしまうような新しさを漂わせていた。

そのナリタブライアンから一〇年、三冠馬は現れていなかった。

ナリタブライアンの翌年、サンデーサイレンスの初年度産駒が三歳を迎えた。皐月賞はジェニュイン、ダービーはタヤスツヨシが制し、菊花賞はナリタブライアンと同じブライアンズタイム産駒のマヤノトップガンが制した。以降も一頭の傑出した馬が三冠を制することはなかったが、サンデーサイレンス産駒は皐月賞を六勝、ダービーは五勝、菊花賞を三勝。複数の産駒による同一年の二冠制覇は一〇年で五回に上り、中でも二〇〇〇年にはエアシャカールが皐月賞と菊花賞、アグネスフライトがダービーを制し、産駒による「三冠」を達成していた。ある意味、それは新しい形の「三冠馬」とも呼べた。

そのサンデーサイレンスも死に、残された産駒も少なくなってきた二〇〇五年、最後から二番目の世代から、ついに一頭で三冠すべてを勝とうという馬が現れた。それがディープインパクトなのだった。

菊花賞の前哨戦として出走した神戸新聞杯はダービー以来、約四ヵ月ぶりの実戦だったが、単勝一・一倍が示すように、ファンの関心は勝ち負けではなく、勝ち方にしかなかった。

一方、メディアは過去の三冠馬が秋の初戦で苦戦している事実を強調し、レースへの興味を煽《あお》った。

過去の三冠馬で秋初戦に勝ったのはシンボリルドルフのみで、残る四頭はみんな敗れていた。ナリタブライアンに至っては、京都新聞杯で単勝一・〇倍を裏切っていた。

しかしそんなジンクスも、ディープインパクトの前には無意味だった。

レースは、アドマイヤジャパンやシックスセンスを差し置いて二番人気に推されたストーミーカフェが速いピッチで逃げて進んだ。ディープインパクトはまたも伸び上がるようなスタートから、後方二番手をじっくり追走する。

まさに指示通り、といった感じで追い上げのスイッチが入ったのは、四コーナー手前だった。一気に上昇すると、直線入口ではもう大外で二番手に並ぶ。あとは春と同じだった。あっという間に差を開くと、最後は手綱を抑えながら、二馬身半差でゴールしていた。

池江が「ただ使うだけでなく、この馬は勝たなければいけませんから。仕上げも苦労しました」と話したように、この一戦で陣営は大きな重圧と戦っていた。レース後に涙を見せた市川はのちに、この神戸新聞杯は菊花賞よりもプレッシャーを感じていたと明かした。

調教助手の敏行もまた、夏に教えた「我慢」がレースでの闘争心を失わせていやしないかと、密《ひそ》かに心配していた。しかし、戻ってきた武豊は敏行にこう言った。

「これまででいちばん乗りやすかった。夏の間に敏行さんがしっかり調教してくれたおかげです。ありがとう」

その言葉に、敏行は心から安堵《あんど》した。

しかしそれでも、淀の三〇〇〇メートルは、そんな簡単な舞台などではないのだった。

史上二頭目、無敗での三冠制覇

ダービーも凄かった。しかし菊花賞の騒ぎは、その比ではなかった。

三冠制覇が成ればナリタブライアン以来一一年ぶり六頭目。無敗での達成ならば史上二頭目で、シンボリルドルフ以来なんと二一年ぶりとなる。ダービー馬は毎年、現れるが、三冠馬はそうはいかない。これを逃せば、もしかしたらもう一生、見られないかもしれないのだ。

一〇月二三日、朝七時二〇分。前夜からの雨が残る中で京都競馬場の門が開かれると、待っていた一万一九三六人が一斉に入場した。最終的な入場者数は京都競馬場の歴代二位となる一三万六七〇一人。もちろん菊花賞レコードだった。

京阪電車の中吊り広告からレーシングプログラムの綴じ込みポスターまで、どこもかしこもディープインパクト一色だった。場内には前週から、ダービー時と同じ等身大の馬像が置かれていた。ディープインパクトのグッズを扱う特設テントは大行列で、三〇〇〇個限定の「めざせ三冠!! ディープインパクト号弁当」は一瞬で売り切れた。勝利した場合に販売するため、密かに三冠達成記念の限定ぬいぐるみまで用意されていた。まるで三冠の達成はすでに決まっていて、この日はそれを見るための、コンサートか何かのようだった。

単勝支持率は七九パーセントに達し、オッズは驚きの一・〇倍となっていた。もしディープインパクトが勝って馬券が当たっても、払い戻しは購入金額だけ。クラシックにおける単勝元返しは、一九五七年桜花賞のミスオンワード以来、史上二頭目、四八年ぶりの「事件」だった。

池江は騎手だった頃や、まだ調教師になって間もない頃、シンザンやシンボリルドルフを眩《まぶ》しく眺めたことを思い出していた。それがついに、自分も同じものを摑《つか》むチャンスが来たのだ。

武豊は、ミスターシービーの三冠の瞬間を中学三年生のときに京都競馬場で見ていた。翌年のシンボリルドルフは競馬学校で見た。そして今、自分がその立場にいるのだ。誰もが、これから訪れる瞬間の歴史的な意味を痛いほど意識していた。

パドックはいつもと同様、敏行と市川の二人引きだった。市川は最終追い切り前日に腰を痛めていたため、途中から引き手は調教助手の片山裕《ゆ》也《りや》と交代した。パドックで跨った武豊は、敏行に「今までいちばん落ち着いてる」と言った。

その落ち着きは、デビュー七戦目にして実現した最高のスタートという形で表れた。夏の成果、精神面の成長。五分以上の形でゲートを出た姿に、誰もが二冠馬の進化を感じたのは、しかし一瞬だった。一周目の三コーナーへ入っていくディープインパクトが口を割り、ひどく行きたがっていたのだ。

勢いよく先手を取ったシャドウゲイトが、後続を引き離しながら四コーナーを回る。ディープインパクトは中団の外で、まだ掛かっていた。武豊が、それを懸命に抑えようとしている。

「それまでずっと三コーナー過ぎから自由に走らせて、四コーナーから直線で脚を伸ばすことを教えてきたので、気をつけてはいたんです。でも、いつもの場所だと思って全力で走ろうとしました。コースを一周半するレースも初めてだし。馬はこれから何メートル走るのか知らないですからね」

悲鳴のような歓声の中、馬群が一周目スタンド前を通過する。逃げるシャドウゲイト。離れた二番手にアドマイヤジャパン。中団のディープインパクトはやっと馬群の内に入ったが、まだ口を割って折り合いを欠いている。武豊が苦労しているのが見て取れる。スタンドで見ている池江も「まずいなあ」と思っていた。こういう競馬をする馬は、たいてい負ける。経験がそう教えていた。

一コーナーから二コーナーを過ぎて向正面に入ると、ディープインパクトは、ようやく今がレースのどの段階なのかを理解したのか、バラけた中団を落ち着いて追走していた。その様子に、武豊は「普通の馬ならもうだめだけど、この馬なら大丈夫だ」と感じていた。

先頭ではアドマイヤジャパンがシャドウゲイトの直後に迫り、二頭で大逃げの形となっていた。向正面で緩めず、逆に徐々にペースアップさせていくシャドウゲイトの佐藤哲三によるペース配分は、絶妙を超えて芸術的だった。

前の二頭が後続との差を優に一〇馬身は保ったまま三コーナーへ。ディープインパクトは、いつものように外に出し、少しずつ進出を開始している。ここでアドマイヤジャパンが動いた。

「ノリさんに早めに来られちゃった」

最高の逃げを演じた佐藤哲三がそう残念がったように、四コーナーを回り切る前に一気にスパートし、シャドウゲイトを交わして先頭に立った横山典弘《のりひろ》の騎乗もまた、最高の「奇襲」だった。

素晴らしい脚色《あしいろ》で勢いよく直線を向くアドマイヤジャパン。三番手集団の大外のディープインパクトとの差は、まだ六～七馬身はある。横山典弘も「いった！　と思った」と振り返る、会心の形だった。しかし。

残り三〇〇メートル過ぎ、あんなにあった差が、みるみる詰まり始めた。内ラチ沿いのアドマイヤジャパンも、決してバテているわけではない。離れた大外を一頭で伸びるディープインパクトの末脚が凄すぎるのだ。まさに、飛ぶような走りだった。

残り二〇〇メートル、差は三馬身。

残り一〇〇メートル、あと一馬身。

池江は拳《こぶし》に力を込めてディープインパクトの追い上げを見ながら、ふとシンザンの菊花賞を思い出していた。

シンザンが三冠を達成した四一年前の菊花賞も、カネケヤキが大逃げのリードを保ったまま直線に入るという緊迫した展開だった。しかし最後は、テレビ画面にも映らないほどの大外から差してきたシンザンが、二馬身半差で勝利していた。

「きっちりゴールで捉えるシンザンの姿が浮かんで、絶対、大丈夫だ、と思いました」

ディープインパクトが先頭に立つ。引き離して、独走になる。大歓声の中でゴールしたときには、二馬身差がついていた。

セントライトから六四年。シンザンはとうに超えた。ミスターシービーのように不器用で、シンボリルドルフのようにパーフェクトで、そしてナリタブライアンのように圧倒的な、史上六頭目の三冠馬の誕生だった。

2005年日本ダービー

6 機運到来

有馬記念に向けて

菊花賞から約一週間が経った一〇月三一日、月曜日。三冠馬ディープインパクトの次走が有馬記念となることが、調教師の池江泰郎より発表された。ジャパンカップを見送ったのは、中四週では間隔が短いと考えたからだった。菊花賞はそのくらいハードに仕上げたし、レースもタフなものだったのだ。

発表の前日、東京競馬場では天皇賞（秋）が行われていた。戦後初の天覧競馬となったこのレースでは、ゼンノロブロイ、ハーツクライ、リンカーンらの牡馬を抑えて牝馬のヘヴンリーロマンスが優勝。ウイニングランで騎手の松永幹夫《みきお》がスタンドの天皇、皇后両陛下へ脱帽、最敬礼したシーンが話題となった。これらの古馬たちと、ディープインパクトは有馬記念で対戦するのだ。

この天皇賞（秋）の前夜、テレビで『NHKスペシャル「ディープインパクト　無敗の三冠馬はこうして生まれた」』が放送されていた。同番組で競馬を扱うのはこれが初めてのことで、エクイロックスを使った接着装蹄の詳細や、夏の札幌競馬場での「合宿」の様子など、深い部分まで切り込んだその内容は競馬ファンからも高い評価を受けた。

番組では、JRA競走馬総合研究所が高速ビデオカメラで撮影したディープインパクトの走行フォームを分析し、いかに他の馬と違うのか、なぜあれほど速く走れるのかを解き明かす試みも紹介された。ある意味、ディープインパクトは史上初めて、そうした最先端の科学の目にさらされた名馬だった。

一一月二八日に東京大学農学部の講堂で開催された日本ウマ科学会のシンポジウムは、まさにその象徴的な例だった。

テーマはずばり「スターホースの走りを科学する」。多くのマスコミも集めたこの会議では、ノーザンファームの調教主任である安藤康晴や装蹄師の西内荘といった関係者の講演に加え、栗東トレーニングセンター診療所の塩瀬友樹《しおせともき》が「VHRmaxを用いた競走馬の体力評価」、走行フォーム解析を担当したJRA競走馬総合研究所の高橋敏之が「走行中のバイオメカニクス」というタイトルで研究の成果を発表するなど、さまざまな角度からディープインパクトの走りが分析された。その強さの共有のされ方は、間違いなく新しい「最強馬」の形といえた。

有馬記念へ向けての調整は、順調に進んでいた。いつもは三〜四日で消えるレース後のイライラした状態が、この菊花賞後はなかなか取れずに心配した池江だったが、それも二週間ほどで解消していた。結果的に、次走への間隔を空けた池江の判断は正しかったのだ。

ディープインパクトが見送ったジャパンカップはイギリスから遠征してきたアルカセットがレコードで制し、天皇賞（秋）では六着に終わっていたハーツクライがハナ差の二着に健闘して称賛された。

それでも、有馬記念のファン投票は当然のように圧倒的な票数でディープインパクトが一位となっていた。二位はゼンノロブロイ、三位はタップダンスシチー。二頭はともにこの有馬記念がラストランで、タップダンスシチーはレース後に引退式を行う予定となっていた。

ＪＲＡは一一月半ばの時点で、空前の混雑が予想される有馬記念当日の中山競馬場の入場券をすべて前売りにすると発表していた。新時代のヒーローの人気はとどまるところを知らず、たとえ古馬が相手だろうと、きっとまた圧勝してくれると、誰もが信じていた。

しかしそこには、思いもよらない敵が待ち受けていたのだった。

大雪と生涯初の敗戦

「本当に、よく雪の降った冬でした」

二〇〇五年暮れの有馬記念について振り返るとき、池江の脳裏には、雪に覆われた栗東トレセンの調教コースの光景がセットで蘇ってくる。寒波の影響で西日本に降った雪は、レースが近づくにつれて池江を悩ませ、振り回し、ディープインパクトの最後の仕上げを微妙に狂わせていった。

最初の誤算は、一週前追い切りの四日後、一二月一八日の日曜朝の追い切りを雪の予報のため一日、前倒ししたことだった。雪は大量に降り、一八日の中京競馬は第九レース以降が中止となった。

その後の最終追い切りは、いつものパターンならば二一日の水曜朝になるはずだった。しかし池江はこれを一日、遅らせるかどうかで悩んだ。予定より一日短い間隔で行った前回の追い切りが、ディープインパクトの心と身体に疲れを残していないか、心配だったのだ。

やはりここは間隔を空けてリラックスさせてやるべきか。しかしその選択の余地は、またも雪によって奪われた。二二日は雪の予報で、結局、最終追い切りは二一日に敢行せざるを得なくなったのだ。実際、二二日は広い範囲で大雪となり、翌二三日に名古屋競馬場で行われる予定だった交流重賞の名古屋グランプリも中止となった。

そしてその雪は、二三日朝の最終調整に、決定的な影響を与えた。中山への輸送前日、金曜朝の調教で最終仕上げを施すのは「池江流」の真骨頂だったが、この日の朝は前日の雪が残り、いつものウッドチップのDコースをはじめ多くの調教コースが閉鎖されてしまったのだ。

仕方なく、普段は使わないダートのEコースで行った調教の動き自体は、素晴らしいものだった。いや、問題は動きすぎてしまったことだった。

調教助手の敏行は、のちにこんなふうに振り返っている。

他のコースが使えないせいもあって、雪が融《と》けてビシャビシャのダートコースに多くの馬が入って走るので、音がうるさくて、そのせいでものすごく引っ掛かってしまった。加えて、湿ったダートの影響でタイムも予定より速くなってしまい、池江調教師にも怒られた。あれは調教助手人生の中でも、いちばんの失敗だった。

その「失敗」がどこまでレースに影響があったのか、正確なところは誰にもわからない。確かなのは、どれだけ速く走る能力があろうと、ディープインパクトはまだ三歳馬で、中身は十分に子供っぽさが残っていたし、レースへ向けた心身の準備も含め、圧倒的に経験不足な競走馬だということだった。

レースは八歳の古豪タップダンスシチーの絶妙な逃げで進んだ。一周目スタンド前を過ぎ、二コーナーから早くもじわりとピッチを上げて後続を離していく。鞍上は、菊花賞でもシャドウゲイトで逃げてディープインパクトを苦しめる流れを作った佐藤哲三だった。

これを三番手で追っているハーツクライを見て、調教師の橋口弘次郎《こうじろう》は驚いていた。確かに四歳秋を迎え、馬は見違えるほど成長した。しかしジャパンカップ二着をはじめ、後方からの競馬で結果を残してきたハーツクライに、まさかこんな積極的なレースができるとは思いもよらなかったのだ。それくらい馬の充実は著しく、クリストフ・ルメールの騎乗は先入観に縛《しば》られない、大胆なものだった。

ディープインパクトは、スタート直後にいったん最後方まで下げ、一周目のスタンド前で少し位置を上げた。折り合いは問題なし。そのままいつものように三コーナー過ぎから外を通って進出しはじめると、場内は大歓声に包まれた。手応えは抜群で、直線を向いたとき、先頭との差はすでに二馬身もなかった。漂う圧勝の予感。しかし。

そこからの伸びは、いつものディープインパクトのものではなかった。

素晴らしい勢いで抜け出したハーツクライに、食らいつくのが精一杯のディープインパクト。差はなかなか縮まらず、ついに捉えられないままゴールがやってきた。半馬身差の敗戦だった。

騒然とした空気の中山競馬場。レース後、武豊は「直線で反応せず、いつものように飛んでくれませんでした」と話し、「わからない」と繰り返した。

「ぜんぜん〝らしく〟ない走りでした。結果もそうですけど、いつもの走りができなかったのがショックでしたね。正直、大丈夫かなって思いました。故障とかしていなければいいな、と」

ノーザンファーム場長の秋田の目には、少なくともパドックを見た限りでは、この日のディープインパクトは「生涯で最も良くない、ベストではない状態」に映っていた。

「硬さを感じました。この状態で、舞台が中山ならば、大外を回して届かない可能性はある。負けるとしたら今日で、そして相手はハーツクライだろうなと思いました。完成は遅くなりましたが、素晴らしい馬でしたから」

池江は「これが競馬。出直しや」と言って競馬場を後にした。

いろいろあったが、自分としては勝てる状態だと信じて送り出した。でもレースは相手がいるし、展開や馬場もある。「これが競馬」とは、そういう意味だった。

でも、次がある、と池江は思った。

出直しや、と。

気持ちを入れ替える

初めての敗戦から、まだ夜も明ける前の翌朝午前三時、ディープインパクトは輸送を終えて栗東トレセンの厩舎に戻っていた。

この日の午後、池江のもとに嬉しい報《しら》せが届いた。二〇〇五年の東京競馬記者クラブ賞に「ディープインパクトの池江泰郎厩舎」が選出されたのだ。三冠馬を誕生させた手腕と、メディアの取材への多大な協力が理由だった。

年が明けて一月一〇日にはＪＲＡ賞の発表があり、ディープインパクトは二九一票中二八五票を得て年度代表馬に選出された。

無敗でこそなくなったが、ディープインパクトへの評価と注目は変わらず高いままだった。特に「海外遠征」は、三冠の次のテーマとしてファンやメディアの熱い興味の対象となっていた。

すでに菊花賞後の記者会見で、金子真人オーナーは「海外へという声は、もちろん耳に入っています」と明かし、「それについては来年、チャンスがあれば、みなさんとよく相談して挑戦してみたいと思います」と語っていた。

そんな中、有馬記念の敗戦を受けて最初に決まったことの一つが、翌春は海外遠征は行わず、最大目標は天皇賞ということだった。その後、三月下旬のドバイ国際競走への登録は行ったが、池江によればそれも「選択肢、視野を広げる意味の登録」に過ぎなかった。

一方でこの頃、水面下ではイギリスのアスコット競馬場から熱心な出走の誘いが来ていた。二〇〇〇メートル前後なら六月半ばのロイヤルアスコット開催のプリンスオブウェールズステークス。クラシックディスタンスなら七月下旬のキングジョージ六世&クイーンエリザベステークス。アスコットの関係者が挨拶のためわざわざ来日してきたことに池江は驚かされた。それほどディープインパクトの価値は世界でも高まっていたのだった。

一月二三日に行われたJRA賞授賞式の場で金子オーナーが「夏に欧州でいいレースがあれば」と発言すると、メディアはすぐにキングジョージ六世&クイーンエリザベスステークスだ、その後は凱旋門賞だと色めき立った。

だがディープインパクト自身は、そんな騒ぎなど知らず、ゆっくりと調教を積みながら日々を過ごしていた。

二月中旬、始動戦も阪神大賞典と決まり、調教のピッチも上がってきた頃、池江は記者たちに「肉体面も精神面も、何もかもいい状態ですよ」と、調整の順調さを伝えた。そしてこう続けた。

「オイル交換もしましたから」

オイル交換とは、馬の気持ちを入れ替えた、という意味だった。特別な調教をしたわけではない。調教助手の敏行が「元気がなく自信をなくしているみたいだった」と感じた、負けて落ち込んだ気持ちを忘れさせ、走ることの楽しさを思い出させる。それはこの時期のディープインパクトにとって、ある意味、最も必要なことだった。

当時、ノーザンファームの調教主任だった安藤は、ディープインパクトが現役中に一度も放牧に出ることなく、こうした気持ちの切り替えができていたことにあらためて驚いている。現在、まさにそうした目的で利用されるノーザンファームしがらきで働いているだけに、その凄さはよけいによくわかるのだという。

「今はトップクラスの馬の多くが、競馬が終わって水曜にはもう牧場にいますから。オンとオフの切り替えが自分でできていたのか、ともかく内面的なものが凄かったんでしょうね。ずっと厩舎にいてあんなにＧＩを勝つ馬なんて、たぶんもう出ないと思います。特異な馬ですよ」

「復活」の走り

二〇〇六年三月一九日、三ヵ月弱ぶりにディープインパクトが競馬場に姿を現すと、阪神大賞典のパドックに静かな驚きが広がった。馬体重は有馬記念からわずか二キロ増。だがその馬体は、誰の目にも明らかに逞《たくま》しさを増していた。

レースでの走りは、まさに「復活」の二文字がぴったりなものだった。

トウカイトリックの大逃げによる縦長の展開を、後方で追走するディープインパクト。一周目の四コーナーで掛かりかかけるが、武豊がなだめて抑える。

進出開始は二周目の三コーナーだった。馬なりなのに、三番手を進んでいたデルタブルースの岩田康誠《やすなり》騎手が「お疲れさまー、って感じで交わされました」と脱帽したほど、他の馬とは手応えが違う。二〇馬身もあった差がみるみる縮まる。直線入口で早くも先頭に立ち、一気に引き離す。最後は手綱を抑えながら三馬身半差。あのディープインパクトが、帰ってきたのだった。

強風や、初めての稍重馬場という悪コンディションをクリアしたことも収穫だった。だが何より、有馬記念の直線で失った自分の走りを取り戻してくれたことに、池江は安堵していた。

その阪神大賞典の二日後、栗東トレセンで進められていた改築工事に伴い、池江泰郎厩舎は「リの16」から「への8」へ引っ越しを行った。ディープインパクトも真新しい馬房に入った。

その週の土曜日には、海の向こうでハーツクライがドバイシーマクラシック制覇の快挙を成し遂げ、日本中を沸かせた。逃げ切りでの勝利は、有馬記念でディープインパクトを降《くだ》した走りがたんなる奇策のおかげなどではなかったことの、何よりの証明ともいえた。

四月三日には厩舎の大先輩メジロマックイーンが社台スタリオンステーション荻伏《おぎふし》で死亡したというニュースが入ってきた。常々「マックがいたから今のディープがある」と話し、調教助手としての自分を育ててもらったという思いのある敏行は、三〇日の天皇賞（春）に、メジロマックイーンの写真をポケットに忍ばせて臨んだ。そしてその思いに応えるように、ディープインパクトは凄まじい走りを披露したのだった。

スタートは、久しぶりに伸び上がるような派手な出遅れとなった。そこからいつものように、前半は最後方近くで折り合いに専念する。一周目の正面スタンド前から一コーナー、二コーナー、そして向正面。後方四番手を進むディープインパクトと武豊を、いったいどこで動くのかと固唾《かたず》を呑んで見守るすべての者の意表を突いて、いきなり「その時」はやって来た。三コーナー手前、まだ向正面の、残り一〇〇〇メートル以上はある地点でのスパートだった。

京都の外回り、三コーナーの上り坂からの仕掛けなど、早仕掛けどころか他の馬なら間違いなく「奇襲」だった。

驚いたのは池江も同じだった。あそこから行くと、たいていゴール一〇〇メートル手前で脚が上がる。大丈夫だろうか。

坂の頂上から今度は下っていき、三〜四コーナーの中間地点で早くも先頭に立ったディープインパクトの手綱を、武豊がさらに勢いよく動かす。後続を離しながら直線を向くと、満を持して右ムチが飛んだ。ぐんと加速するディープインパクト。完全なる独走だった。

最後は流しながら、リンカーンに三馬身半差をつけてゴール。タイムは一九九七年マヤノトップガンの記録を一秒も更新する、ＪＲＡレコードだった。

会見で武豊は「今日は飛ぶタイミングが早かったですね」と笑った。

「有馬記念とはぜんぜん違っていて、すごく走りたそうにしていましたし、いっそう弾むような走りでした。とんでもない乗り方をしたんですけど、でも今のディープの状態と、今日の馬場を考えれば、もっと思いました」

常識外れの超ロングスパートで勝利したこの天皇賞（春）を、ディープインパクトのベストレースに挙げる者は多い。それほど衝撃的な内容だった。

レース後、武豊は敏行にこう言った。

「もう何も教えることはありません。ディープは完璧なサラブレッドになっています」

壮行会ムードの宝塚記念

まさに、機は熟した。

天皇賞（春）から九日後の五月八日、ディープインパクトの海外遠征が正式に発表された。目標レースは一〇月一日、フランスの凱旋門賞。前後して、出走登録も行われた。登録料は三五〇〇ユーロ、日本円で約五〇万円（当時）だった。

追って詳細も明らかにされていった。

六月二五日の宝塚記念には出走する。その後は気候と環境に慣れるため、早めに現地入り。ただし帰国後にジャパンカップ、有馬記念への出走も視野に入れているので、着地検査期間が短くてすむように現地滞在は六〇日以内に収める。逆算すると渡仏は八月上旬。現段階では、現地の前哨戦は使わず直行する。そんな内容だった。

選択肢の一つだった七月二九日のキングジョージ六世&クイーンエリザベスステークスを見送った理由を訊かれた池江は、凱旋門賞の方が斤量が一キロ軽いこと、そして武豊にも話を聞き、起伏の激しいアスコットよりはロンシャンの方が向くと考え、金子オーナーが決断したと説明した。ちなみにキングジョージ六世&クイーンエリザベスステークスには、すでにハーツクライが出走する予定となっていた。

アスコット競馬場からの熱心な誘いも含め、この時期、池江のもとにはレース選択に関して、事あるごとにさまざまな提案や意見が寄せられていた。

「いちばん多かったのは、やはり凱旋門賞の前に現地でレースを使わないのか、という話でした。これはもう取材があるたびに言われましたね」

常にさまざまな可能性を視野に入れながら進める方法を取ってきた池江だが、じつは当初から遠征の「本命」は凱旋門賞で、行くなら直行という意向だった、とのちに明かしている。ただもちろん、この海外遠征がそれだけ大きな注目を集めるトピックなのだということも十分に理解はしていた。

そんな中で行われた六月二五日の宝塚記念は、壮行会ムード一色のレースとなった。

この年の宝塚記念は阪神競馬場がコース改修中のため、京都での施行となっていた。天気はあいにくの雨。出走頭数は一三頭と少なく、GI馬も全部で四頭しかいなかったが、競馬場には八万三八二人の大観衆が詰めかけた。

ディープインパクトは、紛れもなく心身ともに最高の状態だった。武豊は、デビューしてからの中で今日がいちばん落ち着いている、と感じていた。

「ゲートインまで、ずいぶん無駄な動きをしなくなっていましたね。エキサイトすることがなくなっていました」

池江も、自分の管理馬ながら感心して見ていた。馬房でも、パドックでも、馬場に出てからも、こんなに落ち着いていたことは今までない。そう感じた。

朝から降り続く雨で、芝は稍重の発表以上に水を含み、ぬかるんでいた。それはディープインパクトが経験したことがない種類の、まるで秋のロンシャンのシミュレーションのために、誰かが誂《あつら》えてくれたかのような馬場だった。

この日も後方からレースを進めたディープインパクトと武豊だったが、同じ京都の外回りコースで行われた天皇賞（春）とは違い、上昇を開始したのは三〜四コーナーの中間点からだった。

「馬がゴーサインを待っていたので、三コーナーの坂を下りきる頃に合図を出したら、すぐ反応してくれました」

一頭だけ、とんでもない勢いで前の馬たちを次々と抜き去りながら直線へ。内で逃げ粘るバランスオブゲームを残り二〇〇メートル過ぎに大外から捉えると、あとはいつも通りの独走。最後は手綱を抑えながら、四馬身差の圧勝だった。

泥を被っても、そんなに気にしなかった。馬場によるフォームの乱れも少なかった。レース後の武豊の言葉は、まるでテストの採点をする先生のようだった。

「京都で、雨も降って、逆にちょうどよかったかなと。ロンシャンと京都は、似ている部分もありますからね」

すべての運命が、一気に秋のパリへと向かって動き始めていた。

2006年宝塚記念

7 重たい空気

凱旋門賞の舞台へ

パリから北へ約四〇キロ、どこまでも深く広がる森の中でディープインパクトの背に揺られながら、調教助手の池江敏行は感動で思わず「俺、シャンティイで調教してるで!」と叫んでいた。

フランスには二日前に着いたばかりだった。この日が初めての調教だったが、ディープインパクトは驚くほど落ち着いていた。むしろ物見をしているのは自分の方だと気づき、敏行は一人、可笑《おか》しくなった。

宝塚記念から出発までの約一ヵ月半は、あっという間に過ぎていった。

七月三日、馬主の金子真人、調教師の池江泰郎、騎手の武豊を含む数名は、視察のため二泊四日の強行軍でフランスへ飛んだ。その結果、現地でディープインパクトが滞在する場所がシャンティイのカルロス・ラフォンパリアス厩舎になることが決まった。池江は、一九九七年にフランスに遠征したサクラローレルを受け入れた実績に加え、厩舎から道路を横断することなく、そのまま森の中の調教場へと入っていける立地が決め手となったと説明した。

じつは当初、ラフォンパリアス厩舎は候補には入っていなかったが、過去にフランスに長期滞在していたこともある武豊の提案で急遽、下見先に加えたのだった。フランスの重鎮女性調教師クリスティアーヌ・ヘッドの娘婿、いわゆる「ヘッド・ファミリー」の一員であるラフォンパリアスは、この前年のフランス平地リーディングでは五位という好成績を収めていた。

フランスでは、この年から全出走馬に個体識別のマイクロチップを埋め込むことが義務付けられていた。渡仏に先立ち、日本産馬としては初めてチップをたてがみの生《は》え際《ぎわ》に埋め込む処置も済ませたディープインパクトは、八月二日の早朝、多くのマスコミに見送られながら栗東を出発した。帯同馬は同じ四歳牡馬のピカレスクコート。金子オーナーの所有馬で、池江泰寿厩舎に所属する三勝馬だった。

まず美浦トレセンの検疫厩舎に入ったディープインパクトは、そこで八日まで検疫を受け、九日、貨物便のＪＡＬ六四六一便で成田空港を発《た》った。栗東から近い関西国際空港ではなく成田を選んだのは、便の数が多く、トラブルへの対応がしやすいからだった。二〇〇四年、凱旋門賞に出走したタップダンスシチーは当初予定していた便が欠航し、一時は渡航を断念するほどの大幅なスケジュール変更を強《し》いられた。その教訓がきちんと共有され、活《い》かされていた。

　飛行機に同乗したのは調教助手の敏行、厩務員の市川、ピカレスクコートを担当する池江泰寿厩舎の調教助手である大久保秀信《ひでのぶ》。そして、シャンティイで厩務員をしていたこともあるホースマンで、この遠征では通訳兼運転手も務める馬輸送のエキスパート、西森輝夫《てるお》の四人だった。四人はそのまま凱旋門賞が終わるまでの約二ヵ月を、現地に借りた４ＤＫのアパートでともに過ごすことになっていた。

　現地時間の八月九日午後二時五六分、約一二時間のフライトを終えたディープインパクトはシャルル・ド・ゴール空港に到着。検疫を済ませ、馬運車で約四〇分ほど北へ移動し、午後五時過ぎにシャンティイのラフォンパリアス厩舎に入った。この日、ドーヴィル競馬場のレースに騎乗していた武豊も、出迎えのために駆けつけていた。翌日には池江も合流し、愛馬の無事な姿に安堵した。

　凱旋門賞への日々の、始まりだった。

ロンシャンでの追い切り

シャンティイの森を南北に貫くメインストリートの、西側の通り沿いにラフォンパリアス厩舎はある。そのすぐ奥がエーグル調教場。ラモルレー、コワイラフォレ、アヴィリーサンレオナールと並ぶシャンティイの四大調教場で最も広いこのエーグル調教場は、複数のダートや芝、ファイバーサンドといった豊富な種類の調教コースを有している。過去にはアンドレ・ファーブル厩舎のカーネギーやパントレセレブル、アラン・ドロワイエデュプレ厩舎のザルカヴァやダラカニといった名馬たちが、このエーグル調教場で鍛えられ、凱旋門賞を制している。

ちなみにメインストリートを挟んで東側のラモルレー地区には、かつてタイキシャトルやエルコンドルパサーが滞在したトニー・クラウト厩舎があった。のちに日本人として初めてフランスで開業し、オルフェーヴルなどの遠征時の滞在先となる小林智《さとし》調教師が厩舎を構えるのも、このラモルレーになる。

ディープインパクトの調整は、現地の環境や流儀に少しずつ慣れながら進められていった。飼い葉は日本から持ってきたものだったが、水は、途中から持参の浄水器を通して現地の水を飲むようになった。市川は、洗い場でホースを使って馬体を洗うのではなく、馬房の中で、バケツの水だけで手入れする現地のやり方を知って驚き、それを取り入れた。

環境の変化にもかかわらず馬の状態が安定していたのは、帯同馬の存在が大きかった。池江はピカレスクコートを「おとなしくて物怖《ものお》じしない、最高のパートナーです」と誉《ほ》め称《たた》えた。

そんな中、陣営が最も試行錯誤を繰り返したのが、調教コースだった。

シャンティイには栗東のようなウッドチップコースがないため、ディープインパクトは当初、複数あるダートコースをメインで使用していた。ところがエーグルのダートは、多量の雨が降ると極端に状態が悪くなった。そこで陣営はすぐに、クッションが良く、天候に左右されにくい全天候型のファイバーサンドコースをメインに変えた。

しかしそのファイバーサンドも、八月の終わりに雨が続くと硬く締まり、クッションが失われていった。さらに秋が近づき、朝晩の気温が一〇度近くまで下がるとますます硬くなり、現地の馬も使わないほどになってしまった。結局、また複数あるダートコースをメインで使うこととなったが、馬場状態や、現地馬の使用状況の見極めに頭を悩ませる状況が続いた。

そんな苦労はあったが、ディープインパクト自身は至って順調で、そして周囲の期待と報道の熱は高まる一方だった。そのピークの一つが、九月一三日にロンシャン競馬場で行われた、スクーリングを兼ねた追い切りだった。

この日、ロンシャンには朝から約八〇人ものプレスが集結。その半分は日本人だった。地元の競馬紙『パリチュルフ』の一面トップの見出しは「ディープインパクト　その時が始まろうとしている」。たんなるスクーリングが事前にこれほど大きく報じられたことは、世界がこの日本のスーパーホースに注ぐ視線の熱さを、何よりも物語っていた。

現地の前哨戦を使わずに凱旋門賞に臨むディープインパクトにとって、このスクーリングは重要な機会だった。

つい三日前の同じ場所では、本番と同じ距離の前哨戦が複数、行われていた。

古馬のフォワ賞には、前年の凱旋門賞馬で、ハーツクライを三着に降してキングジョージ六世&クイーンエリザベスステークスを制したハリケーンランや、そのハリケーンランをサンクルー大賞で破っている女傑プライドらが出走。それらを僅差で降して、ハリケーンランと同じアンドレ・ファーブル厩舎のシロッコが勝利を収めていた。

三歳馬限定のニエル賞は、パリ大賞でGⅠ勝ちを果たしてきたレイルリンクが優勝。この馬もファーブル厩舎の所属馬だった。

ラフォンパリアス厩舎のパートナーと、ピカレスクコートとの三頭で装鞍所からパドック、そしてコースへ。本番と同じ手順で行われた二四〇〇メートルのリハーサルは、最後は二馬身先着してフィニッシュ。池江は「思っていた通りの調教ができました」と満足そうに言った。四コーナーの手前にある、ロンシャン競馬場に独特の約二五〇メートルのフォルスストレート（偽の直線）も経験できた。まさに理想的な「予行演習」だった。

凱旋門賞制覇は、紛《まど》うことなき日本競馬の悲願だった。一九六九年のスピードシンボリの着外を皮切りに、メジロムサシ一八着、シリウスシンボリ一四着、エルコンドルパサー二着、マンハッタンカフェ一三着、タップダンスシチー一七着と、名馬たちがことごとく敗れてきた。

でも今回は違う。ディープインパクトで勝てなければ、いったいどの馬が勝てるというのか。それが日本のファンや関係者の偽らざる思いだった。

武豊の凱旋門賞騎乗は一九九四年に六着のホワイトマズル、二〇〇一年に三着のサガシティに続く三度目だったが、日本馬での出走はこれが初だった。デビュー間もない頃から毎年、渡仏し、長期滞在の経験もある武豊の「今回、僕は凱旋門賞に挑戦するのではなく、凱旋門賞に騎乗するんです。ただそれだけのシンプルなことです」という言葉には、ぞくぞくするようなリアリティがあった。

報道は加熱する一方で、九月二七日の最終追い切りは、調教場内の完全取材禁止という厳戒態勢の中で行われた。ディープインパクトの動きは上々で、騎乗した武豊も絶賛した。

自信を持って送り出せる状態だ、と池江は感じた。そしてこう思った。

「世界を驚かせたい」

凱旋門賞の前日、土曜日のマイルGⅡダニエルウィルデンシュタイン賞では、武豊の乗ったピカレスクコートが逃げて二馬身差の二着に健闘した。

流れは来ている。誰もがそう感じた。

直線、歓声が悲鳴に変わる

一〇月一日、日曜日。雨の予報もあったが、蓋《ふた》を開けてみれば好天が続くパリはこの日も快晴で、秋とは思えない汗ばむほどの陽気に包まれていた。

午前一〇時のペネトロメーター（馬場硬度計）の数値は三・〇と、よく乾いた硬い状態を示していた。ロンシャンの馬場は、天候次第で時には日本馬には想像もつかないほど重くなる。本当に運の強い馬だ、と池江は思った。

午前一一時一〇分、ロンシャン競馬場の門が開くと、待ち構えていた大勢の日本人ファンがダッシュでなだれ込み、レーシングプログラムの確保や席取り、場所取りに走った。旅行会社のツアーはどこも大盛況。主催者によると、最終的な日本人の観客は推定約六〇〇〇人で、約六万四〇〇〇人の入場者の約一割が日本人という異常事態となった。

もっとも、この状況は予想はされていた。正門横には日本人用のインフォメーションが設けられ、馬券売り場には日本語で「凱旋門賞」、「ディープインパクト単勝馬券」と書かれた専用の投票用紙が用意された。いわゆる記念馬券向けに、数だけ書けば最低購入額の二ユーロでその枚数の単勝馬券が買えるこの用紙は、ＪＲＡパリ事務所の所長の提案で作られたものだった。最終的にディープインパクトの単勝は一・五倍。もちろん一番人気で、ハリケーンランとシロッコが五倍でこれに続いていた。

日本国内でもプラザエクウス渋谷、ウインズ後楽園、ウインズ道頓堀でパブリックビューイングが行われ、深夜にもかかわらず多くのファンが集まった。テレビはＮＨＫが地上波で生中継。視聴率は平均が関東一六・四パーセント、関西一九・七パーセント。瞬間最高は関東二二・六パーセント、関西二八・五パーセント（ビデオリサーチ調べ）と、これも深夜としては驚異的な数字を記録した。

午後一時五分、ＧⅠ六レースを含む全八レースの幕を開け、四〇〇〇メートルの伝統の長距離ＧⅠカドラン賞がスタートした。それからしばらくした午後一時半、ディープインパクトは馬運車でゆっくりとシャンティイを出発した。

第七レースに組まれた凱旋門賞は、史上二番目に少ない八頭立てとなっていた。ファーブル厩舎からはハリケーンラン、シロッコ、レイルリンクの三頭が出走。ドロワイエデュプレ厩舎の六歳牝馬プライドは、紅一点となっていた。

他はすべて三歳馬だった。英セントトレジャー馬のシックスティーズアイコンはランフランコ・デットーリが騎乗。あとはGⅡドーヴィル大賞勝ちのアイリッシュウェルズ、フランスダービー二着のベストネーム。差し、追い込みタイプが多く、スローペースの展開が予想されていた。

競馬場に到着し、装鞍所で一番のゼッケンを着けたディープインパクトがパドックに姿を現すと、日本人の観客が一斉にカメラのシャッターを切った。落ち着いて周回し、武豊が跨るとそのまま敏行、市川の二人引きで誘導馬に続いてコースへ。堂々とスタンド前をパレードする姿は、三歳時からは考えられないほどの成長ぶりだった。

ゲート入りは、陣営からの要請で八頭のいちばん最後となった。日本と違いファンファーレなどがあるわけでもなく、一七時三五分、日本時間で翌二日の〇時三五分、ディープインパクトが二番の枠に入るとすぐに、運命のゲートは開かれた。

出遅れることもなく、五分のスタートを切ったディープインパクトは、スッと押し出されるように前に出た。逃げたのは離れた外のアイリッシュウェルズ。二番手の形だったが、差はなく、前に馬はいない。ペースは遅く、馬群はひと塊《かたまり》。典型的な欧州の競馬だった。

スタートから三コーナーまで、延々八〇〇メートル続く我慢比べのような直線の終わり頃、シロッコが前に出て二番手に上がった。スペースのできたディープインパクトは三番手の外に持ち出す。レースはそのまま淡々と三コーナーからフォルスストレートへ。前を射程圏に入れたまま最終コーナーを回り、五三三メートルの直線に入ったとき、ディープインパクトはほぼ先頭に並んでいた。

楽な手応えに一瞬、漂う圧勝の予感。だが「世界」はそんな甘いものではなかった。

残り四〇〇メートル、シロッコを交わして先頭に立つ。と、今度は直後にいた同じファーブル厩舎のレイルリンクが外から並びかけようとスパート。武豊のアクションも大きくなり、右鞭が入る。

二頭で抜け出すディープインパクトとレイルリンク。馬体が合い、一騎打ちかと思われたその先に、誰もが信じられない光景が待っていた。残り一〇〇メートルで、ディープインパクトが力尽きたように遅れ始めたのだ。

差が少しずつ広がる。歓声が悲鳴に変わり、後方から猛然と追い込んできたプライドにまで交わされ、三番手に落ちたところがゴールだった。

レイルリンクのファーブル厩舎は、これで凱旋門賞の最多勝を更新する七勝目となった。

ちなみにハリケーンランは四着、シロッコは最下位だった。

レース後、武豊は「いつもの走りではなかった。ギアが一段上がらなかった」と話した。悔しいというよりショック。正直なところ、現実を受け入れたくないという気分だった、とのちに明かしている。

戻ってきたディープインパクトに池江が最初にかけた言葉は「お疲れさま、ご苦労さん」だった。レースの約一時間後に行われた会見で、池江はこんな話をした。

ディープのキャリアはこれで終わりではない。またいつか期待に応えてくれると信じている。そしてこう言った。

「凱旋門賞を勝つのは、僕にはまだ早すぎたのかな。また次に挑戦しろ、という運命だったのかもしれません」

会見の中で、池江は何度も「また」や「次」という言葉を使った。

敏行や市川はのちに、調教コース選びも含めてスタッフの手探り状態が思ったより長引き、一ヵ月半では時間が足りなかった。ようやく慣れてきた頃がレースだった、と振り返っている。

三歳馬との三・五キロもの斤量差。早めに先頭に立たされた展開。前哨戦を使わなかったこと。「敗因」はそうしたわかりやすい部分にあるのか、それとも違うのか。すぐに答えられる者など、どこにもいなかった。

いずれにせよ、今はただ無事に帰国するだけだ。そしてまた来年、挑戦しよう。次こそ勝とう。池江も武豊も、敏行も市川も、誰もがそう思っていた。

しかし事態は、思わぬ展開を見せるのだった。

引退発表、そして禁止薬物の検出

失意の敗戦の二日後に帰国の途に就いたディープインパクトは、一〇月四日朝、成田に到着。千葉県白井《しろい》市の競馬学校で一週間の輸入検疫を受けた後は、滋賀県のグリーンウッドトレーニングで三週間の着地検査の予定だったが、それを変更して一〇月一〇日、東京競馬場の厩舎に入った。これならば着地検査期間中でも一〇月二九日の天皇賞（秋）に出走できるからだ。池江は「あくまで選択肢を広げておくため」とこの措置を説明した。

翌一一日、朝の調教を終え、いつものように金子オーナーに報告の電話をした池江は、そこで驚くべき事実を知らされた。ディープインパクトの年内での引退、種牡馬入りが決まったというのだ。金子オーナーは、北海道にいた。

その日の午後三時、東京競馬場の事務所で急遽、池江による会見が行われた。しかし、引退にいちばん衝撃を受けているのは、他ならぬ池江だった。

池江は、これまで引退に関する話が出たことは一度もなく、まさに寝耳に水だったこと。凱旋門賞の気持ちも冷めないうちで、今は正直ショックで、寂しい気持ちであることなどを話した。池江だけではない。敏行も、市川も、そして武豊も、誰もが驚き、戸惑った。それほど電撃的な引退決定だった。

種牡馬として入るのは、北海道安平町の社台スタリオンステーション。シンジケートの総額は国内最高となる五一億円（八五〇〇万円×六〇口）だった。

その社台スタリオンステーションのスタッフですら、ごく一部を除き、この公式発表までディープインパクトが年内で引退するための準備が進められていることは知らなかった。それほどまで極秘裏に交渉が行われてきたことは、逆にいえばディープインパクトの種牡馬入りがどれほど巨額が動く、各所に大きな影響を及ぼす話なのかを物語っていた。

海外からも種牡馬としての購入オファーがあることは、すでに報道もされていた。金額や交渉の内容が漏れれば、さらに好条件を提示する者が現れても不思議はない。また、そんな吊り上げを狙って情報をリークすることも、逆に意図せず漏れて、隠れて交渉を進めていることが露呈することも、何かしらの信義を損なう。厩舎や騎手、馬産地の生産者などに早めに伝えるメリットはないに等しく、リスクは大きかった。そういう意味では、もしかしたらこの引退に対しては、ファンの方が気持ちの準備はできていたといえるのかもしれなかった。

どんな馬の引退も、それを関係者に伝える瞬間はある。ディープインパクトの場合は、それが本当に決定するギリギリまでは伝えられなかった。そういうことだった。

会見で心底、寂しそうな気持ちを隠さなかったことは、いかにも裏表のない池江らしさの表れともいえた。本来ならば、そこから徐々に気持ちが整理されていくところだったが、しかしそうしている間もなく、さらなる衝撃が池江を襲った。一週間後の一〇月一八日深夜、フランス競馬を統括する団体であるフランスギャロからJRAに、レース後のディープインパクトの尿から禁止薬物が検出されたという連絡が入ったのだ。

検出されたのは、人間の喘息などに使う気管支拡張作用のある吸入薬イプラトロピウムだった。欧州と違って日本では禁止されておらず、咳《せき》や喉の荒れに使われていた。

確かに今回、ディープインパクトも咳が出たため使っていた。しかし現地の獣医師の指示に従い、レース五日前からは使っていない。そもそも不正の意図での使用ではないし、体内の残存期間が二四時間ほどと非常に短い薬なのに、検出された理由もわからなかった。

事態は一般各紙も報道し、東京競馬場にはテレビのワイドショーのレポーターまで訪れた。二二日、ディープインパクトの天皇賞（秋）回避が正式に決まった。池江は、回避は薬物騒ぎとは関係ない、と話した。

調査の権限はＪＲＡではなくフランス側にあり、東京競馬場に寝泊まりする池江らスタッフには厳しい事情聴取が行われた。池江と部屋が隣だった敏行は、ある晩、馬房の前で池江が一人、ディープインパクトに向かって「お前が悪いんじゃないのに、ごめんなあ」と話しかけているのを見て、胸を痛めたという。

一〇月三〇日、調査もすべて終わり、着地検査を終えたディープインパクトは、九〇日ぶりに栗東トレセンの「我が家」へ戻った。

年内はあと二戦。フランスギャロの裁定を待ちながらジャパンカップへ向けて調教するという、長く、重たい日々が続いた。

池江たちには、みんなで心に決めたことがあった。このあとの二戦は一切の治療行為をしないで臨もう、というのだ。獣医師の診察すら受けず、厩舎スタッフだけで馬の健康を管理する。ディープインパクトの汚名を濯《すす》ぐのだ。

ジャパンカップの一〇日前の一一月一六日、フランスギャロより、三位入線だった凱旋門賞の失格処分が通達された。池江には一万五〇〇〇ユーロ（約二二七万円）という最高額の制裁金が科された。

事実も整理して発表された。咳は九月一三日から発症し、二一日から二五日にかけて薬で治療した。日本の獣医師もいたが、免許の関係で直接の治療行為はできず、フランスの獣医師が吸入治療を行った。その際、馬が暴れたことが二度あり、吸入器が外れて薬が馬房内に飛散した。寝わらや乾草《ほしくさ》にそれが残っていたのを、レース直前に食べてしまったのでは、ということだった。

日本では、馬房内の寝わらは毎日、馬糞などで汚れた部分を捨てて全部干し、戻すときに足りない分を補充する。しかしフランスのやり方は、普段は馬糞を拾うだけで、寝わらは週に一度、総取り替えをする。それにあわせていたことも間違いの元になってしまったのでは、というのが敏行の推理だった。

池江が薬の飛散の事実を初めて知ったのは、じつは調査が始まってからだった。それを聞いたとき、スタッフとコミュニケーションが取れていなかった自分の責任だと池江は悔しくなり、自分を責めた。のちにＪＲＡは帯同した獣医師に、薬品飛散の報告や寝わらの交換の指示を怠《おこた》ったとして、ＪＲＡの施設での六ヵ月の診療停止という重い処分を科した。

そして迎えた一一月二六日のジャパンカップは、日本競馬史上でも他に似たもののない、独特なムードの中でのレースとなった。

どこか張り詰めたように、息を呑んで見つめる約一二万人のファンの前で、ディープインパクトはなんとも不思議な幸福感と解放感に満ちた走りを披露した。

道中は最後方でコスモバルクのスローの逃げを追走。四コーナーで位置を上げながら大外を回ると、直線で一気に伸びた。残り二〇〇メートルで先頭に立ち、最後は手綱を抑えて二馬身差。三着に追い込んだイギリスのウィジャボードの鞍上デットーリも「ファンタスティック・ホース！」とその強さを称える走りだった。

ゴールが近づくにつれて、誰もが胸のつかえが溶けていくのを感じていた。地響きのような「ディープコール」に、敏行は感動で涙を抑えられなかった。

武豊は「ディープのレースでプレッシャーがかかったものがあったとしたら、あのジャパンカップです」と振り返る。

レース後、スタンド前でのインタビューで一言、「飛びましたね」と言うと、大観衆がどっと沸いた。その反応に、武豊は心から嬉しくなった。

デビュー以来の最少馬体重を記録した四三六キロは、加減などせずに仕上げた証《あかし》だった。

池江は、胸がジンときて体中が熱くなった、こんな気持ちは初めてだと語り、真っ赤な目で「本当につらかった。一年くらいに長く感じた」と、凱旋門賞からこの日までを振り返った。

ディープインパクトとの別れに向けて、本当の意味でようやく気持ちの整理がついたのが、この瞬間かもしれなかった。

そして池江は思った。

よし、あとは最後の有馬記念だ。引退式だ、と。

2006年ジャパンカップ

8 第二の門出

大団円

最終レースが終わってしばらく経ち、午後四時半を回る頃になると、あたりは急速に薄暗くなっていった。気温がぐんと下がり、吐《は》く息がいっそう白くなる。二〇〇六年一二月二四日。世の中はクリスマスイブの夜を迎えようとしているにもかかわらず、この日、中山競馬場に入場した一一万七二五一人の半分近くにもなる約五万人は、いまだ帰ろうともせず、スタンドに残ってターフビジョンを見つめていた。ディープインパクトの引退式が始まったのだ。

ターフビジョンには、誕生からの軌跡をまとめたＶＴＲが流れていた。皐月賞の出遅れ、ダービーの圧勝、菊花賞の熱狂。映像の数々が、それぞれの胸に、それぞれの思い出を甦《よみがえ》らせる。

ＶＴＲが終わり、日もほぼ完全に暮れた四時四五分頃、地下馬道からディープインパクトが姿を現した。調教助手の敏行と厩務員の市川による二人引きで、馬上には武豊。ゼッケンは一時間ほど前に着けていた有馬記念と同じ四番。刻一刻と濃さを増す闇の中、スポットライトに照らされたディープインパクトは、またこれからレースが始まるとでも思っているのか、チャカつき、首を上下させ、いまにも走り出しそうな様子でスタンド前を歩いている。

その最後の勇姿をカメラに収めようと、スタンドでは無数のフラッシュが焚《た》かれていた。暗闇に一面に広がる光の点を見ながら、調教師の池江泰郎は、なんてきれいなんだろうと感動していた。まるでダイヤモンドみたいだ、と池江は思った。

有馬記念の当日に引退式を行うことは一二月上旬に正式発表されていた。初年度の種付料が父サンデーサイレンスの初年度を一〇〇〇万円上回る一二〇〇万円となることも、そして早くも種付けの申し込みが殺到して満口になっていることも、同じ頃に報道されていた。

敏行が「怪我でもしたら大変だと思って、緊張しっぱなしだった」と振り返っているように、陣営にプレッシャーはあった。でもそれ以上に自信もあった。ディープインパクトは、デビュー以来最高といえる状態に達しつつあったのだ。

池江には、最後だから無事に、ソフトに、などという気は、これっぽっちもなかった。いつも通り、びしっとやる。むしろ最後だからこそ、悔いの残らないようにしたい。そう考えていた。

市川は「池江厩舎の稽古《けいこ》は、本当にきつかったんです」と振り返っている。

「先生はよく『名刀を研《と》ぐ』とおっしゃっていました。ただでさえ切れる刀を、さらに切れるように研ぐんです」

装蹄師の西内もまた、以前は蹄壁が薄く弱点となっていた爪が、最後にきて完璧な状態になっていると感じていた。

敏行は、自分が跨る最後の追い切りとなった一週前追い切りを終えたとき、感動を覚えていた。二年間乗ってきて初めて「飛ぶ」感覚を味わえたのだ。「これがそうか」と敏行は嬉しくなった。

武豊はその翌週の最終追い切りを、これが最後の調教か、と感触を噛《か》み締めながら終えた。仕上がりは完璧だった。身体も、気持ちも、爪も、すべてが最高の状態に研ぎ澄まされていた。

迎えた有馬記念当日。朝の七時二〇分に中山競馬場の門が開くと、待っていた九八六〇人がダッシュで入場した。前年の倍の人数だった。午前四時の段階で確認された「徹夜組」は一九六五人で、これも前年を上回っていた。

有馬記念の三レース前に行われた二歳オープンのホープフルステークスでは、ディープインパクトの二歳下の半弟であるニュービギニングが武豊を背に勝利し、デビュー二連勝を飾っていた。道中は最後方、直線で大外からごぼう抜きというその勝ち方は、まるでターフを去る偉大な兄へのはなむけのようだった。

馬体重は四三八キロ。ジャパンカップからは二キロ増えたが、それでもデビューした新馬戦から見れば一四キロ減っている。この日の出走馬一四頭の中では、牝馬のスイープトウショウを含めても最も少ない。ブラックタイドの小さな弟は、ついに小さいまま、現役最後の一戦に臨んでいた。

万感の思いを乗せ、有馬記念のゲートが開かれると、ディープインパクトはいつものようにスッと下げて、一四頭立ての後方三番手からレースを進めた。

武豊は振り返っている。

「スタートも良かったし、一周目も折り合いがついて。騎手としては、デビューからの中で、いちばんいいレースができたと思いました」

アドマイヤメインが一頭だけ大きく離して逃げる展開となったレースを、池江は自分でも不思議なほど落ち着いて見ることができていた。三コーナーに入り、ディープインパクトが外から上昇を始めると、アドマイヤメインの脚も止まり、後続との差が縮まっていく。まさに気持ちよさそうに、という表現がぴったりの手応えで外から上がっていくディープインパクト。池江は心の中で、そのまま飛び込んでこい、と声をかけていた。スピードをいっさい落とさず、少し斜めになりながら急なコーナーを回ってくるその姿は、今も池江の脳裏にくっきりと焼き付いている。

まだ先頭に立ってもいないのに、直線に向いたときにはスタンドから拍手が起こり始めていた。残り二〇〇メートルで先頭。拍手が大きくなる。内で粘るダイワメジャーと、その後方から伸びるポップロックの競り合いを、まとめて置き去りにする。拍手がさらに大きくなる。武豊の耳にも、その拍手は届いていた。敏行は、レースが終わる前からすでに涙が止まらなくなっていた。

三馬身差でゴールして戻ってきた愛馬を出迎えた池江は、馬上の武豊と目が合った瞬間、互いの言いたいことがすべて伝わった感覚を味わっていた。

武豊は、いちばん強い競馬しましたよ、と言っていた。池江は、ありがとう、という気持ちを伝えた。

直後の会見で、武豊は高揚感を隠さず「今までにないくらいの強烈な『飛び』でした。驚きました」と語った。まさに絵に描いたような大団円だった。

すっかり暗くなったターフで、スポットライトを浴びながらスタンド前を歩いていたディープインパクトは、やがて武豊騎手を下ろすと、英字の馬名とともに「感動をありがとう」と刺繍された特製の馬服を着せられた。ターフ上では武豊騎手のレース回顧に続き、関係者がマイクを向けられ、ファンへのメッセージを求められていた。

ディープは最強馬です、と武豊は言った。

この二年間、ディープを応援してくださいまして、ありがとうございました、と池江。

そして金子真人オーナーは、ディープが引退していちばん寂しいのは私です、と率直な心情を吐露した。

そんなことはあるはずがないとわかってはいるのに、池江も、敏行も、どこかにサプライズでの引退撤回を期待している自分がいることに気づいていた。

フラッシュの星空がスタンドに瞬く。クリスマスやな。武豊は市川や池江と言い合った。小田和正の『言葉にできない』が流れ、ディープインパクトが地下馬道へ消える。お別れの時が来たのだった。

引退式が終わると、装蹄師の西内は記念に残しておくため、ディープインパクトの蹄鉄を外した。じつは西内は、これまでディープインパクトに装着した蹄鉄をすべて捨てずに取っておいてあったのだ。

のちに西内は武豊に、取っておいてある蹄鉄のうち好きなものを一つプレゼントするけれど、どのレースのものがいいのかを訊ねた。武豊の答えは、新馬戦。あのときの気持ちが忘れられないから、という理由だった。新馬戦の蹄鉄など、普通は取っておかない。しかし当時からこの馬は普通ではない、と感じていた西内は、外した蹄鉄を大事に取っておいたのだ。

レースの翌朝、午前九時過ぎ。ディープインパクトは五〇人以上の報道陣が見守る中、中山競馬場の馬房を出て、市川とともに馬運車に乗り込んだ。

第二の馬生への、旅立ちだった。

一般公開とCM出演

寒い朝だった。気温は氷点下一〇度。にもかかわらず、社台スタリオンステーションには早朝から約一〇〇人もの報道陣や関係者が集まっていた。

一二月二六日、朝七時。津軽海峡をフェリーで渡り、約二二時間の長旅の末に到着したディープインパクトが馬運車を降りてくると、カメラのシャッターが一斉に切られた。ノーザンファームからは道路を渡ってわずか一〇〇メートルほどの斜向い。生まれ故郷のすぐ近くにある「新天地」での生活の始まりだった。

ディープインパクトが入ったのは、「功労馬厩舎」と呼ばれる厩舎だった。もともとはノーザンテーストやリアルシャダイが種牡馬引退後に余生を過ごす場所として建てられた、四馬房の小さな厩舎だ。その後は現役種牡馬が使用するようになり、この時点ではシンボリクリスエスやトワイニングが入っていた。また、かつては父のサンデーサイレンスもここで暮らしていた。

年が明け、一月九日に発表されたJRA賞で二年連続の年度代表馬に輝くと、もう種付けシーズンは目の前だった。しかしその前に一つ、ディープインパクトには大切な仕事があった。ファンへのお披露目《ひろめ》会といえる、一般公開への「出演」だ。

この年、社台スタリオンステーションは、毎年恒例の生産者に向けた種牡馬展示会「スタリオンパレード」を二月二〇日に開催する予定となっていた。しかしディープインパクトのあまりの人気と、実際に早くも見学の問い合わせなどが殺到している状況を考え、それに先立つ二月一四日にファンを対象とした一般公開を行うこととしたのだ。

生産者のいないファンのみの種牡馬展示会など、前代未聞だった。事前申し込みは瞬く間に埋まり、急遽、午前と午後の二回に増やされた一般公開には、なんと合計で約一二〇〇人が訪れた。

じつは、この時期にディープインパクトが行った「出演」はもう一つあった。サントリーの缶コーヒー「ＢＯＳＳ」のテレビＣＭだ。

ハリウッド俳優トミー・リー・ジョーンズ扮する「宇宙人ジョーンズ」がディープインパクトの鼻面を撫でるシーンも登場するこのＣＭは、実際に社台スタリオンステーションで撮影されていて、ディープインパクトには「ディープインパクト（本物）」とわざわざテロップが付けられている。

一般公開と本番のスタリオンパレードの準備と実施に続き、すでに種付けシーズンに入っている中で行われた大がかりなＣＭ撮影。社台スタリオンステーション事務局の徳武英介《とくたけえいすけ》は「いやあ、あの年は忙しかったですよ。凄かったなあ」と、当時のスケジュール帳を開きながら懐かしそうに振り返った。

「スターですよね。後にも先にも、あんな馬、いないです」

小柄の種牡馬には大柄の牝馬を

そんなふうに慌ただしい中で突入した初めての種付けシーズンで、最初にディープインパクトの「課題」となったのが馬体の小ささ、正確にいえば「小さい馬」というイメージだった。

確かに牧場時代のディープインパクトは小さかった。が、じつはこのときすでに体高は父のサンデーサイレンスと同じ一六四センチあって、決して「小さすぎる」馬ではなくなっていたのだ。

しかしデビュー後も無駄な脂肪がつかず、馬体重も軽かったことで「小さい」イメージは強いままとなっていた。そしてそのイメージは、種牡馬としてのスタートに微妙に影響を与えた。

ノーザンファームの場長だった秋田は「今はディープやステイゴールドのおかげで生産者の意識もずいぶん変わりましたが」と前置きして、こう振り返る。

「ディープは種牡馬としては小さい方だというイメージは、確かにありました。生産者も、やっぱり薄くてひ弱な馬が生まれるのは嫌ですから。無意識のうちに、しっかりした身体の繁殖牝馬を選んだところはあったかもしれませんね。ノーザンファームも含めて」

そうやって身長差のある大きめの繁殖牝馬を多く相手にするとなると、問題となってくるのが種付け作業だった。

ディープインパクトを担当する森田敬治《けいじ》は、かつてはノーザンテーストを担当していたべテランだった。そしてよく知られているように、ノーザンテーストはディープインパクトの比ではないくらい、小さな馬だった。

社台スタリオンステーションの種付場には「ノーザンテーストの丘」と呼ばれる場所がある。背の低いノーザンテーストがその傾斜を利用して種付けを行っていた丘で、大きな牝馬相手にディープインパクトが苦労していると感じた森田は、その丘を試してみることにした。しかし結果的に、それはディープインパクトには合わなかった。

「ディープは腰が強く、普通の馬と違って立ち方が真っ直ぐなんです。そのせいで傾斜があると、後ろに体重がかかって脚が滑りそうになってしまって。なので丘を使うのはすぐにやめました」

そこで森田が使ったのが「畳」だった。カットした厚さ五センチほどの畳を、牝馬の後肢の間から後方に敷いて、その上にディープインパクトが立つのだ。

「大きな牝馬のときは二枚敷くこともありました。畳はノーザンテーストも使っていましたよ。ドリームジャーニーなんて小さかったので、三枚も四枚も重ねて使うこともありましたね」

さらに、これもノーザンテーストも使っていた「首かけ」も使用した。革とロープでできた道具で、それを牝馬の首にかけて、種牡馬が後ろから齧《かじ》りつくことで自分の身体を安定させるのだ。

ディープインパクト自身のコンディションは至って良好だった。到着時に四三八キロだった馬体重は、シーズン中も減るどころか増え続け、最高で五一〇キロにまで達した。

この二〇〇七年、国内の種付数トップはネオユニヴァースの二五一頭で、以下はタニノギムレット、ジャングルポケット、キングカメハメハ。ディープインパクトはこれに次ぐ二一五頭の種付けを行い、種牡馬としての初めてのシーズンを終えたのだった。

サンデー産駒らしくない性格や体質

担当になった森田がディープインパクトに対して最初に感じたのは、本当にフレンドリーな馬だ、ということだった。こんないいやつには、初めて会った、とすら思った。その感覚は、長い経験を持つ森田にとっても新鮮な驚きだった。

ディープインパクトの根本にあるのは、人が好きだ、ということだと森田は感じた。見学者がたくさんいる放牧地でも、嫌がる様子がまったくない。人に見せるために馬房から出されることもストレスにならないし、記念写真でポーズを取ることも得意だった。

種付けもなく、過ごしやすい気候の秋などは、放牧時間が午後二時や三時まで延びることもある。そんなとき、ディープインパクトは集牧時間が近づくと、早く帰りたそうに出入り口の近くで森田が来るのを待っていた。

育ち方なんだろうな、と森田は思った。ここまで愛情を持って育てられてきたことが、接しているとよく伝わってきた。そして同時に、自分がそれを壊してしまうわけにはいかない、というプレッシャーのようなものも感じた。馬と人との関係が、本当にちょっとしたことで壊れてしまうこともあるのを、森田はよく知っていたからだった。

しかしディープインパクトとの間に、それは起こらなかった。〝二人〟は、とても良い友達になっていった。

ディープインパクトは自分が人気があることを知っていた、と森田は言う。

「種牡馬展示会のように人が多い場所だと、あいつ、いつもと違いましたからね。自分が見られていると知っているんです。それで、ちゃんとしなきゃ、という感じになってました」

事務局の徳武は、そういう性格はじつはサンデーサイレンス産駒としてはひどく異質だと感じ、戸惑ってもいた。

「ネオユニヴァースもゼンノロブロイも、みんなちゃんとサンデーっぽいんですよ。うるさくて、落ち着きがなくて、餌もボロボロこぼすし、他の馬を威嚇《いかく》するしで、よく似ています。でもディープだけは、ぜんぜん違いました」

性格だけではない。体質も、サンデーサイレンス産駒の中では明らかに異質だった。

「海外の関係者に言われたことがあるんです。ディープの体形は母のウインドインハーへアそっくりで、その父のアルザオが強く出てる、耳の短さなんてそのままだね、と。それは典型的な小型のノーザンダンサー（アルザオの父の父）系ということで、サンデーらしくはないということなんです。言われてみると、例えばディープは冬毛が凄くて、夏は明るい鹿毛が冬には黒っぽくなるほどでした。馬車馬のように膝から下に距毛《きょもう》が生えるのもサンデーの後継ではディープくらいでしたけど、そういう毛深さもノーザンダンサー系、リファール（アルザオの父）系の特徴なんです」

サンデーサイレンスの最高の後継だと誰もが信じて疑わない馬は、じつは生き物としては、サンデーサイレンスから遠く離れてしまっているのかもしれない。

だとしたら、それは種牡馬としてどんな形で現れるのか。答えを知っているのは、まだ見ぬ産駒たちだけだった。

勝ちまくる初年度産駒たち

二〇〇八年五月八日、ディープインパクトは二八頭目となる顕彰馬に選出された。ちょうど自身は二年目の種付けシーズンの真っ最中で、そして馬産地では、初年度産駒の誕生がラッシュを迎えている中でのことだった。

七月一六日に行われたセレクトセール二日目の当歳セッションは、その生まれて間もないディープインパクト産駒たちの話題一色となった。

上場三六頭中、三一頭が落札され、当歳の最高額馬となった母ビワハイジ（のちのトーセンレーヴ）の二億二〇〇〇万円を筆頭に、一億円超えのミリオンホースは四頭が誕生。高額取引馬の上位一〇頭中、じつに八頭をディープインパクト産駒が占めた。

セレクトセールからサンデーサイレンス産駒が姿を消して五年目。ここまで高額馬を同じ種牡馬の仔が占めたのは初めてのことだった。産駒の取引総額の一九億一〇〇〇万円は、セレクトセールにおける初年度産駒のレコードだった。

ただし徳武は、そういったディープインパクト産駒の幼い頃の良さは、決してわかりやすいものではないと思っている。

「自身が当歳のときは目立たなかったのと同じです。もちろん作りはしっかりしてますし、肢勢も綺麗なんですが、決して誰にでも見栄え良く映る、万人受けする馬体ではないんです。そもそもサンデーが、産駒の良さは見た目以上にバネや前進気勢など、動かして初めてわかる部分にありましたから。そこは、サンデーと同じでしたね」

それでもディープインパクトの仔には、やっぱり「ディープらしさ」があった。

「目がクリッとして、小顔で、キビキビ動いて、やる気があって。そういうのが典型的なディープの仔でしたね」

秋田は、あるときから、ディープインパクトの仔は動きを見るだけでわかるようになったという。

「歩いているのを前から見るとわかるんです。普通、頭は縦に動きますが、それが横にした〝8〟の字の軌道を描くんですね。ディープ自身がそうで、それだけ身体を使って歩けているわけです。それを見ると、ああ、ディープだなと思います」

二世代目の産駒たちは翌二〇〇九年に生まれ、のちのディープブリランテやトーセンホマレボシがセレクトセールで売買された。生活のサイクルが出来上がり、馬体重はさらに増えて五二〇キロ台に。少年っぽさは残しつつ、落ち着きや貫録も出てきた種牡馬入り四年目の二〇一〇年夏、ついに初年度産駒がデビューを迎えた。ターフに「ディープインパクト」が帰ってきたのだ。

六月二六日、サイレントソニックが福島で挙げた勝利を皮切りに、産駒は凄まじい勢いで勝ちまくった。ドナウブルー、ダコール、コティリオン、トーセンラー、ボレアス、グルヴェイグ。最終的にＪＲＡの二歳戦で挙げた勝利は、三四頭で四一勝に上った。二歳リーディングの獲得どころの話ではない。勝ち馬の頭数は二〇〇五年アグネスタキオンの二五頭、総勝利数は一九九四年サンデーサイレンスの三〇勝をともに大幅に上回る、初年度種牡馬の二歳戦新記録だった。

ＧＩは勝てなかったが、朝日杯フューチュリティステークスでリアルインパクトがグランプリボスの二着、リベルタスが三着に入り、ダノンバラードがＧⅢラジオＮＩＫＫＥＩ杯二歳ステークスで重賞勝ちを飾った。産駒の総獲得賞金の五億三七〇四万三〇〇〇円は、父の持つ新種牡馬の記録を一六年ぶりに更新するものだった。

翌二〇一一年、三歳となったディープインパクトの初年度産駒は、初めてのクラシックを迎えた。

東日本大震災の混乱を乗り越えて開催された春競馬の中、ついに果たしたＧＩ勝ちは、ダービーでもオークスでもなかった。マルセリーナの桜花賞とリアルインパクトの安田記念。どちらも、マイルのＧＩだった。

9 勢力拡大

始まりはマイルＧⅠ勝ちだった

初年度世代が三歳を迎えた二〇一一年、ディープインパクト産駒は三つのＧⅠを勝った。記念すべき初タイトルはマルセリーナの桜花賞。続いてリアルインパクトが、グレード制導入後では初となる三歳馬による安田記念勝ちを成し遂げた。一二月にはジョワドヴィーヴルが阪神ジュベナイルフィリーズを制し、二歳女王に輝いた。

産駒は前年に続き勝ちまくり、ディープインパクトはたった二世代の成績だけで、この年のリーディングサイアーランキングでキングカメハメハの二位に食い込んだ。

ただ、物足りなさも残った。オークスとダービーを勝てなかったのだ。

日本競馬では一九九三年から一九九五年にかけて、三年連続でその年の新種牡馬の産駒がオークスとダービーを両方制したことがあった。

一九九三年のトニービンは、ベガとウイニングチケット。

一九九四年のブライアンズタイムは、チョウカイキャロルとナリタブライアン。

そして一九九五年のサンデーサイレンスはダンスパートナーとタヤスツヨシ。

しかしディープインパクトは、その衝撃を再現はできなかったのだった。

オークスには六頭の産駒を出していたが、マルセリーナの四着が最高だった。勝ったのはデュランダル産駒のエリンコートだった。ダービーも四頭が出走したが、ステイゴールド産駒のオルフェーヴルに完敗。ちなみに最先着は、当歳時のセレクトセールで最高額で取引されたトーセンレーヴの九着だった。

結局、この年にディープインパクト産駒が勝った三つのGIはすべて芝一六〇〇メートル、マイル戦だった。

社台スタリオンステーション事務局の徳武も、意外な思いで、しかし種牡馬セールスの当事者としては、誰よりも敏感にこの事実を受け止めていた。

マイルか、と徳武は思った。そして、これはきっと、ディープインパクト産駒としては異質なタイプがたまたま最初に固まって出たということなんだろう、と考えた。

「今思えば、まだどこかでサンデーと同じつもりで見ていたんですね」

徳武はそう告白する。サンデーサイレンスと同じとは、二〇〇〇メートルからクラシックディスタンスで最も強く、それでいて菊花賞も走れる。そういうことだった。

「ディープは馬体的にはサンデーではなく母父のアルザオが出ていると言った海外の関係者からも、だから距離適性的には短めだよ、と指摘されていたんですがね」

ディープインパクト自身が二〇〇〇メートル以上でしか走っておらず、またそこで高いパフォーマンスを見せたことが、予測を難しくしていた。しかしその能力の本質は、よく「脚の速さ」と形容されるスピードにあり、そしてそれはマイル戦で最も効果的に発揮されるものだった。今の徳武はそう考えている。

「じつはマイルで強いというのは、悪いことではないどころか、スピードを求める時代の流れにすごく合っていたんです。特に国際的な評価という意味では。ただ日本では、どうしても二四〇〇メートル以上でも走れないとスタミナがないようなイメージがありますから」

だが、このときまだそれはかすかな違和感に過ぎず、そしてその違和感は、すぐに忘れられた。翌二〇一二年、二世代目のジェンティルドンナとディープブリランテが、オークスとダービーを勝ったからだった。トニービン、ブライアンズタイム、サンデーサイレンスの偉業に、一年遅れで追いついたのだ。

クラシックディスタンスでの活躍

ディープブリランテのダービーは史上七組目の父仔制覇だった。ジェンティルドンナは桜花賞と秋華賞も制し、史上四頭目の牝馬三冠馬に。ディープインパクトとは史上初の父仔での「三冠馬」となったジェンティルドンナは、その後はやはり史上初となる三歳牝馬によるジャパンカップ制覇まで成し遂げてみせた。

ちなみに、その牝馬三冠ですべて二着だったヴィルシーナもまたディープインパクト産駒だった。つまりこの年の牝馬三冠は、三レースともディープインパクト産駒のワンツー決着だったのだ。

またダービーもディープブリランテだけでなく、産駒は七頭出走して一、三、四着と上位をほぼ独占していた。

オークスで三着だったアイスフォーリスと、ダービーで二、五着だったフェノーメノとゴールドシップは、みんなステイゴールド産駒だった。要するに、この年のオークスの上位三頭とダービーの上位五頭、合計八頭の父はディープインパクトかステイゴールドしかいなかったのだった。八歳違いで、優等生と悪ガキのように対象的なイメージを持つ「ディープ対ステイ」の構図は、このあとしばらくファンや関係者の興味の的となり、競馬界を沸かせていくこととなる。

この年、ディープインパクトは初のリーディングサイアーを獲得した。産駒が年間に挙げた二一六勝は、それまでの内国産種牡馬の年間勝利数記録となっていた一八四勝を大幅に更新するものだった。

二〇一三年、種付料は一〇〇〇万円から一気に一五〇〇万円へとアップした。ちなみに最も安かったのは供用四年目、二〇一〇年の九〇〇万円になる。

またこの二〇一三年春からは、屈腱炎《くっけんえん》で引退したディープブリランテが早くも後継として同じ社台スタリオンステーションで種牡馬入りした。隣同士の放牧地で草を食《は》む二頭の姿は、ファンを喜ばせた。

三歳クラシックではアユサンが桜花賞を、キズナがダービーを制した。キズナは秋にはフランスでGⅡニエル賞を勝ち、父の無念を果たすべく凱旋門賞に臨んだが、四着に終わった。古馬ではヴィルシーナがヴィクトリアマイルを、トーセンラーがマイルチャンピオンシップを、そしてジェンティルドンナが前年に続きジャパンカップを勝利した。この年、ディープインパクトの種付数は、自身の生涯最高となる二六二頭に達した。

三世代目のクラシックホースとなったアユサンとキズナには、血統的な共通点があった。

どちらも、母の父にアメリカの種牡馬ストームキャットを持っていたのだ。

加速する勢い

もしもタイムマシンでディープインパクトが種牡馬入りした頃に戻り、じつはディープインパクトはストームキャットとニックスだよ、と当時の自分に教えたら、どんな反応をすると思うか。そんな質問をすると、徳武は「信じないでしょうね」と笑った。

「アメリカのスプリンターにディープなんてもったいない、短くしてどうするんだ、と怒るでしょうね（笑）。だってサンデーがそうでしたから。そういう配合だと、馬体は凄い馬が出ても気性の抑えがきかなくて、輸送競馬もダメ、距離ももちませんでしたから」

それがディープインパクトでは成功したのは、サンデーサイレンスにはない穏やかな気性の賜物だと徳武は見ている。

「キングカメハメハとストームキャットがよく合ったのも、同じ理由だと思います。キンカメも気性は穏やかですから」

サンデーサイレンスとストームキャットは三歳しか違わない。まさに同時代の日米のトップで、その組み合わせが魅力的に映るのは当然だが、合うかどうかは別問題だった。一方、ディープインパクトとストームキャットは一九歳差。ある種牡馬に本当に合う相手は、こんなふうに国も時代も、少しズレたところにいることもある。そういうことだった。

ストームキャット自身はすでに二〇一三年、三〇歳で死んでいた。しかしストームキャットを父に持つ繁殖牝馬はアメリカにまだたくさんいて、ディープインパクトと配合するため、そうした繁殖牝馬が続々と日本に輸入されていた。

そんな効果的な配合の発見も手伝い、ディープインパクトの勢いはさらに増していく。

種付料が二〇〇〇万円に上がった二〇一四年、三歳馬はハープスターが桜花賞を勝ち、産駒による桜花賞四連覇を達成。またミッキーアイルがＮＨＫマイルカップを、ショウナンパンドラが秋華賞を制した。

古馬ではジェンティルドンナが、ＵＡＥのドバイシーマクラシックで日本調教産駒による海外ＧⅠ初制覇を果たした。国内でもヴィルシーナがヴィクトリアマイルを連覇し、スピルバーグが天皇賞（秋）、ラキシスがエリザベス女王杯、六歳となった初年度世代のダノンシャークがマイルチャンピオンシップを勝利。そして有馬記念では、これが引退レースとなったジェンティルドンナが有終の美を飾ってみせた。

二歳ＧⅠもディープインパクト産駒が席巻《せっけん》した。朝日杯フューチュリティステークスはダノンプラチナ、阪神ジュベナイルフィリーズはショウナンアデラが勝利し、揃って牡牝の王者に輝いていた。

この二〇一四年、産駒はJRA平地GIで合計一〇勝を挙げ、父のサンデーサイレンスが二〇〇三年に打ち立てた大記録に並んだ。ちなみにレッドキングダムがJ・GIの中山大障害を勝っていたため、障害を加えれば堂々の新記録だった。

二〇一五年は種付料がまた五〇〇万円上がり、二五〇〇万円となった。ターフでは牝馬が大活躍で、三歳馬はミッキークイーンがオークスと秋華賞、古馬はマリアライトがエリザベス女王杯、ショウナンパンドラがジャパンカップを制した。

海外でのGI勝ちも相次いだ。リアルインパクトがオーストラリアのジョージライダーステークスを制し、エイシンヒカリは香港カップを鮮やかに逃げ切ってみせた。

変わった記録では、函館二歳ステークスのブランボヌールの勝利により、産駒は全一〇場の重賞を制覇。父サンデーサイレンスなどに次ぎ、グレード制導入後では八頭目の記録達成種牡馬となった。

二〇一六年、種付料がなんと三〇〇〇万円にまで上がったこの年の三歳GI戦線は、牡馬も牝馬もまさに「ディープ一色」となった。

牡馬は皐月賞がディーマジェスティ、ダービーがマカヒキ、菊花賞がサトノダイヤモンドと、三頭で三冠を分け合う形となった。「複数の産駒による三冠制覇」は父のサンデーサイレンスも一度、二〇〇〇年に達成している。このときのエアシャカールとアグネスフライトは六世代目の産駒だったが、ディープインパクトにとって初めての、そして最後の「複数の産駒による三冠制覇」となったこの二〇一六年の三頭も、不思議な偶然だが、ちょうど六世代目の産駒だった。

また牝馬もシンハライトがオークス、ヴィブロスが秋華賞を勝利。産駒の「二冠」となった。

古馬も印象的な活躍馬が相次いだ。マリアライトは宝塚記念で、スイープトウショウ以来一一年ぶり、史上二頭目の牝馬による勝利を達成。ミッキーアイルのマイルチャンピオンシップ勝ちは、三歳春のNHKマイルカップ以来、じつに二年半ぶりのGI勝ちだった。

海外ではリアルスティールがUAEのドバイターフで勝利。エイシンヒカリはフランスのイスパーン賞を一〇馬身差で圧勝し、世界を驚かせた。

年末には二歳のサトノアレスが朝日杯フューチュリティステークスを制覇。三歳のサトノダイヤモンドは菊花賞に続き、有馬記念でもキタサンブラックらの古馬を破って勝利した。

この年、産駒の国内重賞勝利は父サンデーサイレンスの記録に並ぶ最多タイの三八勝に達した。二月から三月にかけては七週連続重賞勝利を達成したが、これは一九九七年にやはりサンデーサイレンスが作った五週を上回る新記録だった。

二〇一七年も産駒の記録的な活躍は続く。三歳馬はアルアインが皐月賞を制覇。古馬ではヴィブロスがUAEのドバイターフ、サトノアラジンが安田記念で勝利し、二歳馬はダノンプレミアムが朝日杯フューチュリティステークスを三馬身半差で圧勝した。

この年は特に二歳世代が優秀だった。二歳戦の勝利数はサンデーサイレンスが二〇〇四年に打ち立てた五四勝の記録を更新する五七勝に達した。ちなみにその二〇〇四年のサンデーサイレンスの二歳馬による勝利の一つが、ディープインパクトの新馬戦だった。

「血」の広がり

種牡馬ディープインパクトの価値が上がり続ける一方、二〇一三年にディープブリランテが引退、種牡馬入りしたのを皮切りに、後継種牡馬も続々と誕生し始めていた。

ただ、いくら優秀な産駒でも、怪我など引退する理由のない馬はまだ元気に走っていたし、牝馬はそもそも種牡馬になれない。初期に誕生した後継種牡馬のリストには、そうした状況が透《す》けて見えていた。

二〇一三年から二〇一五年までの三年間に種牡馬入りしたディープインパクト産駒の中で、GⅠ馬はダービー馬のディープブリランテと、マイルチャンピオンシップを勝っているトーセンラーだけだった。

あとはGⅡアメリカジョッキークラブカップを勝っているダノンバラード、GⅡ京都新聞杯のトーセンホマレボシ、GⅡ目黒記念のスマートロビン。そして一勝馬ながら、母にGⅠ五勝のメジロドーベルを持つ良血が期待されたメジロダイボサツと、未出走で種牡馬入りしたキモンノカシワといったラインナップだった。

今ならばまだ、後継種牡馬争いで一足先にチャンスがもらえる。有利な状況で可能性を試すことができる。ディープインパクトの種付料は上がり続けており、それに比例して安価な後継種牡馬の需要は高まり続けていた。

二〇一六年になると、いよいよ後継種牡馬の誕生は本格化していった。ついにキズナやリアルインパクト、スピルバーグといったGⅠを勝っている大物が引退、スタッドインし始めたのだ。他にもGⅡマイラーズカップ勝ちのワールドエース、GⅢ東京新聞杯のヴァンセンヌ、一勝馬ダノンドリームがこの年に種牡馬入りしている。

二〇一七年もその流れは止まらない。エイシンヒカリ、ミッキーアイル、ダノンシャークといったGⅠ馬がスタッドイン。GⅢ京都金杯勝ちのエキストラエンドも種牡馬となった。

いよいよディープインパクトの血が、馬産地に溢れ始めていた。さまざまなタイプが揃うことで、生産者の選択肢も増えた。どの馬が本当に成功するのかはまだ誰にもわからなかったし、どんな繁殖牝馬と好相性なのかが明らかになるのも、まさにこれからだった。

この二〇一七年は、種牡馬ディープインパクトにとって、ある意味「折り返し地点」とも呼べるような出来事があった。ディープインパクトを母の父に持つＧⅠ馬が誕生したのだ。

菊花賞を勝ったキセキは、父がルーラーシップで、母の父がディープインパクトだった。ディープインパクトを父に持つ優秀な牝馬は続々と牧場に帰って繁殖入りしており、そうした牝馬を持つ生産者にとって、この勝利は心強いものとなった。いずれにせよ、後継種牡馬の増加とあわせ、ディープインパクトの血は確実に次代へと受け継がれ始めていた。

そんな「血の広がり」は、もはや国内にとどまらず海外でも起こっていた。

ジェンティルドンナやエイシンヒカリ、ヴィブロスのように、すでに日本産、日本調教の産駒による海外のレースでの活躍は当たり前になっていたが、それ以外にもさまざまな形でディープインパクトの血が海外で花開き始めたのだ。

二〇一四年にきさらぎ賞、チャレンジカップとＧⅢを二勝したディープインパクト産駒のトーセンスターダムは、五歳となった二〇一六年、ＪＲＡの登録を抹消してオーストラリアの競走馬となった。血統に関係なく、こうした移籍自体、競馬の国際化がもたらす新しい形ではあったが、注目すべきはこのトーセンスターダムが二〇一七年、トゥーラックハンデ、エミレーツステークスとオーストラリアのGIを二勝したことだった。

その後、トーセンスターダムは引退し、そのままオーストラリアで種牡馬入りした。「〇〇国産」や「〇〇国調教」の境界を越える活躍は、まさにディープインパクトの種牡馬としての能力が世界中で通用していることをよく表していた。

また別の形として、日本のセレクトセールで海外のオーナーが購入したディープインパクト産駒も、海外で結果を出し始めていた。

二〇一四年セレクトセールの当歳セッションで、カタールレーシングの代理人が六六〇〇万円で落札したフィアースインパクトは、イギリスでデビュー。その後、オーストラリアへ移籍し、二〇一九年にトゥーラックハンデとカンタラステークス、二〇二〇年にはマカイビーディーヴァステークスと、三つのGIを勝っていた。

ただし、日本におけるディープインパクト産駒、特にセレクトセールで取引される馬の価格は世界から見ても高額で、こうした例は他にはほとんど見られない。

主流となっていくのは、日本に繁殖牝馬を送り込み、ディープインパクトを種付けして子供を産ませる形だった。

海を越えてやって来る良血牝馬

二〇一七年秋、日本産のディープインパクト産駒で、アイルランドの名門エイダン・オブライエン厩舎に所属するサクソンウォリアーが、イギリスで二歳GIレーシングポストトロフィーを勝利した。日本でいえば朝日杯フューチュリティステークスにあたるレースだ。翌二〇一八年の春には日本の皐月賞にあたるイギリス二〇〇〇ギニーを制するこのサクソンウォリアーは、アイルランドの大牧場クールモアスタッドがディープインパクトと交配させるために繁殖牝馬を日本のノーザンファームに預け、そこで生まれた仔馬がまたアイルランドへ送られ、競走馬となった馬だった。

ディープインパクトの血を求め、繁殖牝馬を日本に送って種付けするやり方は、じつは早くから行われていた。

その最初期の例が、フランスの大馬主であるウィルデンシュタイン家が日本へ送った繁殖牝馬バステットだ。

社台コーポレーション白老《しらおい》ファームに預託されたバステットは、供用初年度のディープインパクトを種付けされ、バロッチを産んだ。輸出され、フランスでデビューしたバロッチは二〇一一年春、リステッドのオムニョム二世賞を勝利。じつは、これが記念すべきディープインパクト産駒の海外初勝利だった。

バステットはそのまま日本に留まり、翌年もディープインパクトと交配。今度は受胎した状態で帰国し、ビューティパーラーを産んだ。やはりフランスで走ったビューティパーラーは二〇一二年春、GⅢグロット賞に続いてフランス一〇〇〇ギニーを制覇。ディープインパクトは、じつは二世代目でもう海外GⅠ勝ち馬を出していたのだ。

そもそも欧州競馬は、ディープインパクトが引退する前からその種牡馬としての価値に強い興味を示していた。

二〇〇六年秋、ディープインパクトが凱旋門賞に出走する約一週間前に、ダーレー・ジャパンが種牡馬として獲得に名乗りを上げているという記事が新聞に載った。当時、ダーレー・ジャパン・ファーム代表の髙橋力《ちから》は、取引の規模はラムタラを上回るのは間違いない、と話した。

一九九五年のイギリスダービー馬で、その後の凱旋門賞も含め四戦無敗で引退したラムタラは、一九九六年、ディープインパクトとは逆に三〇〇〇万ドル（当時で約三三億円）で日本の生産者が購入。イギリスから日本へやって来て、総額四四億二八〇〇万円という巨額シンジケートが組まれた馬だった。

結果的にディープインパクトは凱旋門賞で敗れ、ダーレーではなく日本の社台スタリオンステーションで種牡馬入りした。だがシンジケート総額の五一億円は、高橋の予言通り、ラムタラを上回るものだった。

もし凱旋門賞を勝っていたら、と今でも多くの関係者は口を揃える。取引は一〇〇億円のレベルに達し、ディープインパクトは欧州で種牡馬入りしていたかもしれなかった。

ノーザンファーム代表の吉田勝己も「正直、やきもきしました。ダーレーが獲得に来ているんですから」と当時の気持ちを明かす。

実際、過去に似た例があった。二〇〇〇年ケンタッキーダービー馬のフサイチペガサスは、オーナーは日本人の関口房朗《ふさろう》氏だったが、争奪戦の末、クールモアが推定六〇〇〇～七〇〇〇万ドル（当時で約六三～七四億円）で購入し、アメリカで種牡馬入りすることとなったのだ。

ディープインパクトの世界的評価は、ある意味、凱旋門賞の敗戦で一時「保留」となっていた。しかし産駒の活躍により、あらためてその種牡馬としての価値は劇的に高まっていた。日本には、いま世界中が求めている、マイルで強い質の高いスピードを持った特別な種牡馬がいる、と。

もちろんそれは、吉田勝己が「ドバイなどで勝つことで日本馬の価値を高めてきましたから」と話すように、関係者の戦略的な努力の賜物でもあった。

時には負けたレースですらアピールになった。二〇一四年凱旋門賞でハープスターは六着に敗れたが、最後方から伸びた末脚は目を引いた。徳武は「あれは欧州の関係者は驚いていましたよ。ディープ、凄いなって」と話す。

初期に日本に送り込まれたバステットはフランスのリステッドの勝ち馬だったが、その後、一〇年も経たないうちに、日本へやって来る繁殖牝馬の数とレベルは凄まじく上がっていった。

例えばバステットの七年後に送り込まれたサクソンウォリアーの母メイビーは、二〇一一年に五戦無敗でアイルランドの二歳女王決定戦であるＧＩモイグレアスタッドステークスを勝ち、欧州最優秀二歳牝馬に選ばれたほどの馬なのだ。

そんなレベルの牝馬が続々とやって来て、その多くはノーザンファームに預託され、ディープインパクトを種付けされた。そして受胎して帰国したり、生まれた子供が母国へ送られたりした。

二〇一七年の春にやって来た繁殖牝馬ディプロマは、また別の意味で象徴的な馬だった。ドバウィ産駒でイギリスのリステッドを勝っているディプロマは、イギリスのエリザベス女王の所有馬だったのだ。ディプロマが日本で産んだディープインパクトの仔はイギリスへ送られ、ポートフォリオという名前でデビューしている。ディプロマも二頭目を受胎して帰国した。

じつはエリザベス女王は、ディープインパクトの母ウインドインハーヘアが王室所有の母系から出た馬であることをよく知っており、その上での種付け申し込みだった。

血の広がりが、同時に血のルーツへの帰還にもなった。そういう意味で、この種付けはディープインパクトにとって特別なものとなったのだった。

種付料が父を超える

二〇一八年、供用一二年目を迎えたディープインパクトの種付料は、一気に四〇〇〇万円に引き上げられた。それもあって、種付頭数は前年の二四一頭から二〇六頭へ微減。そのうちエリザベス女王のディプロマなど、一七頭が海外から種付けに来ている繁殖牝馬だった。

父のサンデーサイレンスでも、種付料の最高額は晩年の三〇〇〇万円だった。当時、その値付けに立ち会った一人である徳武にとって、四〇〇〇万円というのは「上限」を超えた額だった。付ける側にとっては、ペイできない可能性が飛躍的に高まるのだ。しかし国内外から殺到し続ける申し込みを捌《さば》くには、こうするしかなかった。

よく種付数の多さと種牡馬の肉体的な負担は比例するイメージで語られるが、それは少し違うのだと徳武は言う。

「一五〇頭以上は、もう同じなんです。どのみち付けられるのは一日三回なので、毎日の仕事は変わらないんです」

むしろ過酷なのは、生産者を相手に申込みを捌く、徳武たち人間の方だった。

「一日三杯限定の幻のラーメンみたいなものです。並んでも全員は食べられないので、謝って別の日に来てもらうしかない。ただ牡馬には発情の問題があるので、早い者順というわけにはいきませんし、外国から食べに来た人もいます。他の種牡馬ならいざ知らず、どの牧場もエースの牝馬ですから、別の種牡馬に変えてもらうわけにもいきません。お願いして順番はこっちで決めさせてもらうしかなくて、そんな難しいパズルが、延々と続くんです」

そうやってなんとか適正な仕事量を維持されながら、ディープインパクトは二〇一八年までの一二年間で二七八〇頭に種付けした。年平均で約二三一頭。父サンデーサイレンスは「種付けマシーン」と呼ばれるほど精力的だったが、それとは違い「コツコツと真面目に仕事をするタイプでした」と徳武は評する。

身体は至って健康だった。社台ホースクリニックには腹痛で一回行ったことがあるだけ。

こんな病気も怪我もない種牡馬は徳武の記憶にもなかった。

それでも、少しでも負担を減らすため二〇一七年からは放牧地での一般公開を休止した。同時に、馬房も同じ功労馬厩舎内の向かい側に移った。裏側に専用の放牧地が直結していて、そのまま外へ出られるようになっている馬房だ。

離れた放牧地への移動はなくしたが、ディープインパクトが歳を取って見学自体を嫌がるようになっていたということでは、まったくなかった。徳武は「そこはサンデーといちばん違ったところです」と話す。

「人と触れ合うこと、人に見られることが、本当に平気な馬でした」

じつは徳武はサンデーサイレンスの死後、その実際の姿を見たことがないという競馬関係者が多くいたことに驚いたという。

「日本の競馬を変えたほどの馬なのに、生産者やトレセンの厩舎関係者にも、見たことがないという人がたくさんいたんです。でもやっぱり馬は生きている実馬を見ておくべきだと思うんです。それで牧場を回って、うちの馬を見に来てくださいという活動をするようになりました。だからディープはサンデーと違って、ずいぶん見てもらいましたよ。ファンにも関係者にも」

さながら「会いに行けるリーディングサイアー」というわけだ。

「サンデーに頬ずりしたりして写真を撮った人なんて、ほとんどいません。そんなのできませんでしたから。でもディープはファンも含めて、たくさんいます。こんなに多くの人と触れ合った種牡馬は、他にいないです」

そして徳武は「見た人たちの中に、何かが残ってくれていたらいいな、と思います」と付け加えた。

四〇〇〇万円の値付けに応えるように、この二〇一八年も産駒たちは勝ちまくった。年間勝利数は自己が前年に作った内国産種牡馬記録の二五一勝をさらに上回り、二六五勝に達した。

三歳ではケイアイノーテックがＮＨＫマイルカップ、ワグネリアンがダービー、フィエールマンが菊花賞を制した。

古馬ではジュールポレールがヴィクトリアマイルを勝利。アンジュデジールのＪＢＣレディスクラシックは、産駒初のダートＧⅠ制覇となった。また二歳では、ダノンファンタジーが阪神ジュベナイルフィリーズを制して女王の座に輝いた。

海外では、前述のサクソンウォリアーがイギリス二〇〇〇ギニー勝ち。そしてフランスでは、大馬主のニアルコス家が牝馬を日本へ送り、社台コーポレーション白老ファームで種付けして産ませたスタディオブマンがフランスダービーを制覇していた。ワグネリアンと合わせて、同一年に二ヵ国でダービー馬を出すという離れ業《わざ》だった。

年が明けて二〇一九年、ディープインパクトは一七歳になった。

異変が起こったのは、種付けシーズンが始まってすぐ、二月の半ば過ぎのことだった。

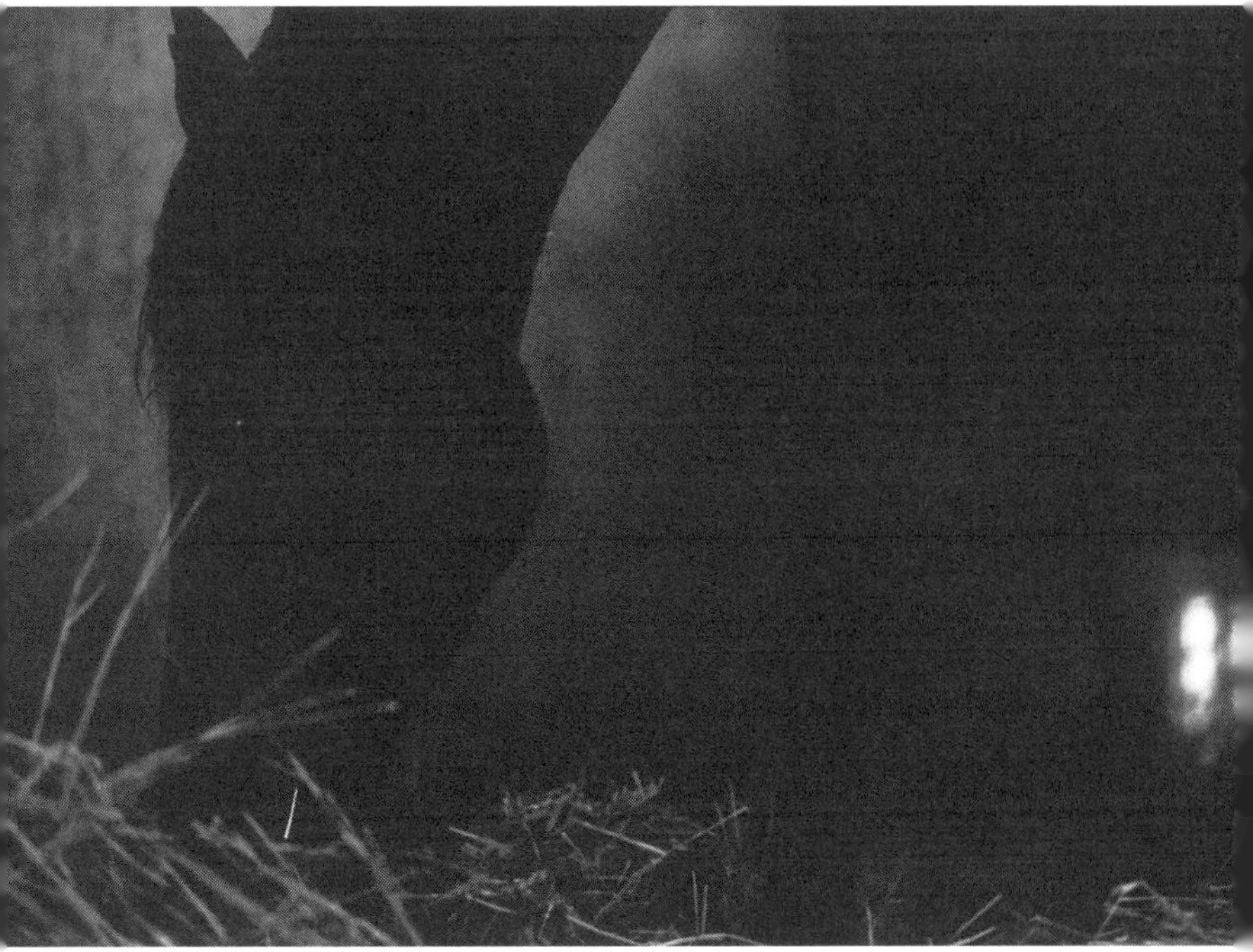

10 喪失と継承

首の不具合、手術、そして早すぎる死

二〇一九年二月五日、社台スタリオンステーションで、この年に供用される種牡馬の展示会「スタリオンパレード」が行われた。新種牡馬はアメリカから輸入したマインドユアビスケッツなど五頭。うちディープインパクト産駒はサトノダイヤモンド、リアルスティールの二頭がいた。すでにキズナなど四頭が入っているので、ここに繋養《けいよう》される約三〇頭中、これで六頭がディープインパクトの後継ということになった。

そのディープインパクトは、この日に展示された二七頭の最後を飾って登場。何年経って

も変わらぬ柔らかな歩様で、静かにパレードリンクを周回した。

展示会が終わると、本格的な種付けシーズンが到来した。例年同様、毎日一回から三回の種付けを行う日々が始まって少し経った二月半ば過ぎ。ディープインパクトの担当である森田の携帯に、種付けのスタッフから電話があった。馬房へ迎えに行ったが、なかなか起き上がらず、ようやく立ち上がってもフラフラしているというのだ。

朝、森田が放牧に出したときには異常はなく、その後にどこか痛めたのかもしれなかった。ともかく、大事を取って種付けは中止され、しばらく様子が見られることとなった。ここまでに、ディープインパクトは二二頭の牝馬に種付けを済ませていた。

約一ヵ月後の三月二七日、そろそろ大丈夫だろうということで種付けが試みられた。その種付けは最後まで完遂したが、終わったあと、ディープインパクトはまたフラついて転んでしまった。もう確実だった。なにか、時間を置いても自然には治らない不具合が起きているのだ。

動きなどから、どうやら首に痛みがあり、その影響で腰に力が入らないのだろうということまではわかった。ただ、肝心の痛みの原因がわからなかった。脚とは違い、首のレントゲンは簡単には撮《と》れないし、撮影が可能な施設への輸送自体、現在のディープインパクトには避けたいところだった。

四月二日、今シーズンの種付けの中止が新聞などで伝えられた。事務局の徳武は、命に別状はなく普通の生活はできているが、種付けでフラつくと危険なので中止する。今後は治療して来シーズンに備えたい、と話した。

馬に「痺《しび》れ」という表現の症状はないのでそういう言い方はしなかったが、徳武は、人間でいう手足の痺れのようなものがあるのかも、と考えていた。

少し前から、ディープインパクトの背や腰の肉が落ちたと指摘されることが増えていた。歳のせいだと思っていたが、もしかしたら痺れて動きが小さくなった部分の筋肉が衰えたのかもしれない。そんな可能性も考えた。

放牧もできず、馬房の中でずっと元気のない様子のディープインパクトを、森田は励ましながら世話を続けた。少し首が曲がったような状態でいることも多く、そこに不具合があることは、接していてもよく伝わってきた。

種付け中止の発表後は治療も本腰を入れたものとなり、レーザーや鍼《はり》など、さまざまな方法が試された。それらは森田から見ても明らかな効果を上げ、症状は改善に向かっていた。五月一八日には一回だけ種付けも試され、それも成功。その際のフラつきも、ゼロではないが、かなり軽減されていた。

しかし、根本的に治癒したわけではないこともまた、誰もがわかっていた。

六月二六日、アメリカから招いた専門の獣医師のもと、帯広畜産大学まで赴《おもむ》き、全身麻酔を施しての大がかりな検査が行われた。そしてついに、たんなるレントゲンではわからないような頸椎《けいつい》の不具合がCT撮影により判明した。痛みの原因と場所が、特定されたのだ。

七月八日、九日に行われたセレクトセールで、ディープインパクトの仔は相変わらず、一歳も当歳もよく売れた。その場で徳武は報道陣に、ディープインパクトの現状と、近く手術をすることになるだろうということを伝えた。

頸椎の不具合は命に関わるものではなく、普通の生活はできそうだった。しかし放牧や運動は制限されるし、常に痛みを抱えて生きることになる。

痛みの軽減と生命維持という意味で、海外でのこの手術の成功率は非常に高かった。中には二五歳まで種牡馬を続けた例もあったが、そこまで望むかどうかは別にしても、この痛みをなんとかしてやりたい、幸せな余生を送らせてやりたい。徳武だけでなく、誰もがそういう思いだった。

七月二八日、社台ホースクリニックで行われた手術は、無事に成功した。麻酔から覚めて無事に起き上がったのを確認し、いったんクリニックを離れた森田の携帯が鳴ったのは、翌日の仕事中のことだった。ディープインパクトが立てなくなってしまったというのだ。

森田が駆けつけると、ディープインパクトはクリニックの馬房で横になっていた。そのままでは蹄の血流が滞《とどこお》ってしまうため、腹帯《はらおび》を使って吊り上げ、起立の補助を試みる。しかしまるで脚に神経が通っていないかのように、まったく踏ん張りが利かず、どうしても脚を着いて立つことができなかった。

森田は一五年前、やはり担当していたノーザンテーストの最期に立ち会ったときのことを思い出していた。

二〇〇四年一二月、三三歳で老衰のため死んだノーザンテーストも、最後は高齢のため筋力が落ちて立てなくなり、腹帯で吊り上げて立たせていたのだ。

驚くべきはそこまでの経緯だった。ノーザンテーストは六月からの半年間、一度も横になろうとはせず、ずっと立ったままだったのだ。一度もだ。

こいつは、次に自分が横になってしまったら、もう立てないということを察しているんだ。それがわかった森田は、長年、一緒に過ごした友の壮絶な「生」への執着に言葉を失った。

そうやって、最後は腹帯で吊られてでも立ち続けたノーザンテーストを知っているだけに、それすらできなくなったディープインパクトの姿は、森田にとってつらかった。あんなに走ることが好きで、いつも動き回っていたような馬が、立つことすらできないなんて。

七月三〇日の早朝、検査により、手術した箇所とは別の場所に頸椎の骨折が判明した。事後の調査でも手術との因果関係は否定されており、骨折の理由は不明だった。いずれにせよ、回復の見込みはなく、安楽死の措置が取られた。享年一七歳。父のサンデーサイレンスより一歳遅いが、しかしそれでも、早すぎると言わざるを得ない死だった。

八年連続のリーディングサイアー

ディープインパクトが死んだという報せはすぐに主な関係者に伝えられ、それからほどなくして、各メディアでニュース速報として流された。突然の死は日本中を驚かせ、悲しませた。

現役時のオーナー、金子真人氏はコメントで、無敗の三冠制覇や、失意の凱旋門賞からの帰国後にジャパンカップと有馬記念を勝利した際の感動を振り返った。そして産駒からもマカヒキ、ワグネリアンという二頭のダービー馬を自分にプレゼントしてくれたことに感謝し、「突然の訃報《ふほう》に涙が止まりません。心から冥福を祈ります」と結んだ。

武豊は、日曜に札幌で騎乗した翌日がちょうどディープインパクトが起立不能になった七月二九日で、たまたま関係者からそのことを聞き、心配していた矢先の訃報だった。携帯が鳴った瞬間、嫌な予感がしたと明かした武豊は、ディープインパクトに声をかけるなら、と問われ「感謝しかないです。ありがとう、と言いたいです」と答えた。

八年前に調教師を引退していた池江泰郎は「突然のことに大変驚いています」とコメントし、新聞の取材に「思い出はたくさんあって、何をしゃべっていいのかわからないです」と話した。

ある意味、池江の言葉は関係者たちの気持ちを率直に言い表していた。

ディープインパクトが一歳九月からの約一年間、ノーザンファームの厩舎長として調教育成に携わった横手は、特にディープインパクトの現役時には事あるごとにマスコミからコメントを求められ、それに答えてきた。

ところが今回の死に際しては、コメントを求められても、ショックでうまく答えることができなくなっていた。

横手が接する馬は毎年大量に入れ替わるし、その生死に対しても、これまで必要以上に感傷的になることはなかった。それがこんな気持ちになったことで、横手は自分で自分に驚いていた。

たぶん、いつの間にかディープインパクトは関わった一頭という以上に、ホースマンとしての横手の分身のような存在になっていたのだった。

ディープインパクトが首の不具合と闘っている間も、産駒たちは競馬場で記録的な活躍を続けていた。

二〇一九年の春、大阪杯と天皇賞（春）ではアルアインとフィエールマンが、それぞれのレースにおける産駒の初制覇を達成していた。

クラシック戦線はもっと凄かった。桜花賞はグランアレグリア、オークスはラヴズオンリーユー、そしてダービーはロジャーバローズ。春の四レース中、三つを産駒が制したのだ。死を挟み、秋になっても産駒の快進撃は続いた。三歳馬ではワールドプレミアが菊花賞を勝ち、古馬ではグローリーヴェイズが香港ヴァーズで、自身初のＧⅠ制覇を海外で飾るという離れ業を演じた。

そして二歳世代では、コントレイルがホープフルステークスを衝撃的ともいえる強さで制していた。

二〇一九年、産駒の獲得賞金は七六億八一七六万八〇〇〇円と自己最高を更新した。リーディングサイアーの獲得は、これで初年度産駒が四歳を迎えた二〇一二年から八年連続となった。

この年は、他にも大種牡馬の急逝《きゅうせい》が競馬界を襲っていた。ディープインパクトの死からわずか一〇日後の八月九日、同じ社台スタリオンステーションで、一歳上のキングカメハメハが死亡したのだ。

二〇一〇、一一年とリーディングサイアーに輝き、ディープインパクトがトップに立った二〇一二年からは二〇一八年までずっと二位を守り続けた「大王」までも同時に失った競馬界は、これからいったいどうなってしまうのか。時代が変わる瞬間の、どこか落ち着かないような、胸騒ぎにも似た空気の中で二〇一九年は暮れていった。

そして、ディープインパクトのいない二〇二〇年がやって来た。

コントレイルが無敗の三冠馬に

スタリオンパレードも終わり、馬産地が種付けシーズンに入るのとほぼ時を同じくして、世界中を混乱に陥《おとしい》れていた新型コロナウイルスが、ついに日本にも襲いかかってきた。各国であらゆるイベントやスポーツが中止となる中、日本の中央競馬は二月二九日から無観客で実施されるなど、ギリギリの状況で開催を続けることができていた。

無観客競馬が始まって二週目の三月八日、中山競馬場で皐月賞トライアルのGⅡ、弥生賞ディープインパクト記念が行われた。前年までの「弥生賞」に、ＪＲＡに現存する競走名としてはセントライト記念、シンザン記念に続く三つ目となる馬名の冠が付いたこのレースを制したのは、なんとディープインパクト産駒のサトノフラッグだった。しかもその鞍上は、武豊だった。

続く春のクラシック本番では、そのサトノフラッグらを破り、やはりディープインパクト産駒のコントレイルが無敗のまま皐月賞とダービーを制した。

また古馬ではフィエールマンが天皇賞（春）連覇を達成、グランアレグリアが安田記念を勝利した。

この春、象徴的なレースがあった。ディープインパクト産駒が三頭出走して勝てなかったNHKマイルカップを制したのは、リアルインパクトの初年度産駒であるラウダシオンだった。それは記念すべき、後継種牡馬によるGⅠ初制覇だった。

現役時にマイルGⅠを勝ったリアルインパクトが果たした「父超え」の舞台は、やっぱりマイルなのだった。

海外での産駒の活躍は、もうまったく珍しくなくなっていた。フランスでは、クールモアスタッドが日本へ送り込み、ディープインパクトを種付けしてアイルランドに帰った牝馬から産まれたファンシーブルーが、新型コロナウイルスの影響で七月五日に順延となっていたフランスオークスを制覇。同馬は七月三〇日にはイギリスのナッソーステークスも制してみせた。

そんな中、ディープインパクトがいなくなって初めてとなるセレクトセールが七月一三、一四日に行われた。

当歳馬の上場は、ゼロだった。

前年、ディープインパクトはわずか二四頭にしか種付けできなかったが、うち九頭の不受胎、一頭の流産が確認されていた。

また、残る一四頭中、七頭の牝馬は海外からやって来ており、種付け後、すでに日本を離れていた。国内の牝馬で受胎したのは、たった七頭だったのだ。

そうなると最後から二番目、市場に出るという意味では実質的に最後の世代となった一歳馬の価値は、天井知らずとなる。

一歳馬は一三頭が上場され、うち一二頭が落札された。最高額の「母シーヴ」は、国内一歳セリ史上最高金額となる五億一〇〇〇万円で取引された。他にも「母フォエヴァーダーリング」が四億円など高額馬が続出し、一二頭の平均価格はなんと二億円を超えた。

最後から二番目の世代といえば、ディープインパクト自身が、サンデーサイレンスの最後から二番目の世代で、そして誕生日は父と同じ三月二五日だった。

セレクトセールに上場された一三頭にはいなかったが、馬産地には、この最後から二番目の世代で、三月二五日生まれの馬が四頭いた。ただ、そのうち血統登録されている牡馬は一頭だけだった。

生産された馬のリストからこの馬を探し出し、直接、売ってほしいと牧場に持ちかける馬主もいた。それほど残った産駒は貴重で、もしかしたら真の宝物はそこに含まれているのかもしれないという考えは魅力的だった。

思えば、サンデーサイレンスは最後まで売れ残った馬だった。

ディープインパクトも、セールで売れはしたが、競られることなく最初の一声で売買が成立した。

どの馬が本当の後継なのかなんて、誰にもわからない。だからこそ、競馬は人を夢中にさせてやまない。

二〇二〇年秋のGⅠ戦線は、グランアレグリアのスプリンターズステークス勝ちで幕を開けた。これでディープインパクト産駒はＪＲＡの芝のGⅠ二二レースのうち、高松宮記念を除く二一レースを制したことになった。

そしてついに「その日」は訪れた。菊花賞で、コントレイルが父ディープインパクトと同じ、無敗でのクラシック三冠制覇を達成したのだ。

三冠馬は史上八頭目。無敗での達成は三頭目。親子での三冠制覇は、長い日本競馬の歴史でも初めてだった。

一五年前の菊花賞、父は一三万六七〇一人の大歓声の中でゴールした。

二〇二〇年、コントレイルを出迎えたのは、新型コロナウイルス感染拡大防止による制限のため一〇一八人。マスク着用を義務付けられた観客と関係者による、精一杯の拍手だった。自身による空前絶後の偉業と同じことを、自分の仔が成し遂げた瞬間を、ディープインパクトは見届けることはできなかった。コントレイルがデビューしたのは、ディープインパクトの死の、わずか二ヵ月半後のことだった。

サンデーサイレンスは、ディープインパクトが生まれた約五ヵ月後に、まるで入れ替わるように死んでいった。それとは形は違うが、もしかしたらこれもまた、何らかのバトンが渡されたことを意味しているのかもしれない。そんなことを思わずにはいられないタイミングだった。

喪失と継承

ディープインパクトの墓は、死から約三ヵ月半が経った二〇一九年一一月半ば、社台スタリオンステーションの一般展示見学場にひっそりと完成していた。墓碑のデザインは、並んで建てられたキングカメハメハのものとまったく同じだった。白い墓石に馬の肖像のレリーフが埋め込まれ、文字は英字の馬名と生年、没年のみ。血統や戦績は、傍《かたわ》らに設置されたプレートに記されている。

墓碑の完成がすぐには公に告知されなかったのは、まだ墓石だけで周辺の整備ができておらず、ファンの墓参を受け入れられる態勢にないからだった。

そのうちに雪が降り、年が明けた。二〇二〇年一月下旬、ようやく公式に墓碑の完成が伝えられたが、またすぐに種付けシーズンが近づき、見学は中止となった。そして、コロナ禍がやって来た。

種付けシーズンが一段落しても、見学の再開の見込みは立たなかった。七月の終わり、一周忌を迎えたとき、徳武はディープインパクトの死からまだ一年しか経っていないことに心から驚いた。もう、何年も過ぎたような気がしていたのだ。

一八年前にサンデーサイレンスを亡くしたときには、すぐウォーエンブレムがやって来て、そして牝馬に興味を示さないという異例の事態への対処に追われたことが、ショックを忘れさせてくれた。しかしそれとは明らかに違う。

誰より、自分自身が忘れたがっているのかも、と徳武は感じていた。自分が思っていた以上に、受けたショックは激しく、喪失感は巨大だったのだ。

一二年半をともに過ごした担当の森田は、一周忌が過ぎた頃、ディープインパクトが最初にフラついた場にいた種付けのスタッフと、酒を飲む機会があった。そのスタッフは、あの瞬間、自分が何を思い、どう行動したのかを森田に切々と語った。誰もがみんなまだ、それぞれの思いを抱え続けている。そのことを、森田はあらためて知った。

二〇二〇年より森田は、社台スタリオンステーションから車で五分ほどの場所にある、種牡馬を引退した馬が余生を過ごす功労馬牧場に職場を移していた。そこにはその時点でフレンチデピュティやクロフネ、ドリームジャーニーなどがいて、のんびり暮らしていた。かつてはフジキセキやダンスインザダークもここで過ごし、最期を迎えている。

できればディープインパクトも、こういうところで過ごさせてやりたかった、と森田は思った。ただ、いつまでも種付けの申込みが途絶えない馬ほど、それが難しいこともよくわかっていた。

ディープインパクトはいなくなったが、それでも競馬は続く。無数のレースが行われ、出走馬の父の種牡馬価値には、絶えず修正が加えられる。そんな営みが、気が遠くなるほどの回数、いつ果てることなく繰り返される。

ディープインパクトを生産したノーザンファームの場長、中島文彦には、こんな持論がある。

よく歴代の最強馬は、という議論があるが、自分は最も新しい馬が、最も強い馬だと思う。例えば、ディープインパクトはダービーを前年のキングカメハメハに並ぶタイレコードで勝ったが、一〇年後、ドゥラメンテがそのタイムを〇秒一更新した。競走馬は時とともに強くなっているし、強くするために、自分たちは仕事をしているのだ。

ただし、と中島は付け加えて言った。

「それだけでドゥラメンテがディープを超えたのか、ディープの強さや良さを超えたのかというと、そういうわけではない、とも思っています」

いつの日か、そう心から思える馬に出会うために。生産者も、調教師も、騎手も、調教助手も、厩務員も、装蹄師も、獣医師も、種馬場のスタッフも。誰もがみんな目の前の馬に全力を注いでいる。

コントレイルがディープインパクトに本当の意味で並んだのか、超えたのかは、すぐにわかることではないし、誰かが決めることではない。

それはたぶん、いつの間にか、誰が言わずともわかっていくことなのだ。

■エピローグ

二〇二一年・春、ノーザンホースパーク

ディープインパクトが生まれたノーザンファームからも、種牡馬として過ごした社台スタリオンステーションからも、そして最期を迎えた社台ホースクリニックからもすぐ近くに位置するノーザンホースパークは、馬とのふれあいや馬術競技の普及を目的として、一九八九年にオープンしたテーマパークだ。

パークの入口を過ぎて、林の中の道を車でゆっくり進んでいくと、やがて左側に駐車場が現れる。道を挟んだ右側には、柵に囲われた放牧地があって、そこには二〇一二年に繁殖牝馬を引退して余生を過ごしているディープインパクトの母、ウインドインハーヘアがいる。

もう三〇歳だが、ウインドインハーヘアはほぼ毎日、クォーターホースやポニーといっしょにこの放牧地に出てきて、静かな時を過ごしている。風がなく、天気の良い日などは、目をつぶってじっと立ったまま、陽を浴びてまどろんでいる。まるでここだけ、時間の流れが遅くなっているようだ。

やがていつかは、その生命の火も消える日が来る。それでも馬産地にはまた種付けシーズンが巡ってくる。期待の繁殖牝馬に、人気の種牡馬が種付けされる。そうして生まれた子供

たちがセールで取引され、ダービーで、凱旋門賞で死力を尽くし、鎬《しのぎ》を削る。

そうやって勝利した馬の血統表の、何代か前にディープインパクトの名前を見つけたなら。

僕たちは、あの小柄で、人間が大好きで、そして何より走ることが大好きだった馬が、長い直線を飛ぶように駆け抜けていく姿を、胸の中に甦らせることができるだろう。

いつまでも、何度でも。

おわりに

最初に『優駿』編集部からディープインパクトの連載をやりませんか、と言われたのは、二〇一九年の終わり頃、別の仕事の打ち合わせで編集部に立ち寄ったときのことだった。

一回、八〇〇〇文字くらいで、二〇二〇年四月号（三月発売）から翌年の一月号（一二月発売）まで全一〇回。「名馬の一生」と題して、ディープインパクトが生まれてから死ぬまでを書く。もちろん競走馬時代から種牡馬時代まで、すべてだ。ちょうどこの三ヵ月ほど前にディープインパクトは一七歳で死んでいて、それに関する取材記事を『優駿』で書かせてもらったりもしていた。そんなタイミングでの提案だった。

身構えた。一瞬、これは断るという選択肢すらありえると思った。冷静に考えると、特別に忙しいわけでもないのに、こんないい話を断るなんてどうかしてるのだが。

あとで編集者に確認したら、確かにこのときビビったのは伝わったという。さかんに「できるかな、書けるかな」と言っていたらしい。だって本当に、無理だと思ったのだ。

ディープインパクトは、間違いなくオグリキャップと並んで、最も文章にされてきた馬だ。

情報は溢れているし、その凄さも、その物語も、誰もがすでに知っている。誰もが知っている話を、いったいどうやってまた最初から書けばいいんだ？　そういう戸惑いだった。

結局、引き受けたはいいが、何をどうやって書くのかはプランが立たないまま、じわじわと締め切りが迫ってきた。それで、とにかくまずは生まれた前後の話を関係者に訊こうということで、北海道のノーザンファームへ行くことにした。

編集者と新千歳空港の近くでレンタカーを借りてノーザンファームへ向かう。その途中、時間があったので、すぐ近くのノーザンホースパークへ寄っていくことにした。

誘ったのは僕だった。そこにウインドインハーヘアがいるからだ。藁《わら》にもすがるというか、会ってみれば何かの足しになるかな、というくらいのつもりだった。

この日はお客さんも少なく、パークは静けさに包まれていた。ウインドインハーヘアは、これまで何度か見に来たときと同じように、放牧地で黙って佇《たたず》んでいた。それを見ていると、ようやく自分の気持ちがホッとしていくのがわかった。

ノーザンファームで長い取材を終え、レンタカーを返し、新千歳から羽田へ。家に帰って、一晩寝て、翌日はテープ起こしから始める。それも終わり、いよいよ物語を書き始めなければならない時が来た。

僕が書き始めたのは、ウインドインハーヘアに会いに行った話だった。

ああ、これは自分で難しくしちゃった、と思った。ディープインパクトの物語で、その一生を追う話なのに、最初のシーンがいきなり死んだあとなのだ。これ、このあとどう展開していくつもりなんだ？

でも、不思議とどんどん書き進むことができた。気づいたら、もう物語は始まっていた。あんなに「書けるかな」と言っていたのに。

コロナ禍によりノーザンホースパークが休園になったのは、僕が訪れた四日後、二〇二〇年三月一日のことだった。

別項でも述べたように、この物語は『優駿』の連載記事「名馬の一生　ディープインパクト」を加筆、修正したものになる。

連載時、取材に協力していただいた方々には、本当に感謝しかない。

その取材も連載が始まって間もなく、コロナ禍により非常に困難なものとなっていった。直接の取材機会を探りながら、ついにタイミングを得られなかった方々はたくさんいる。また元調教師の池江泰郎さんには長電話での取材を何度もお願いしたが、最後まで嫌がる素振りひとつなく、優しく協力していただいた。あらためてお礼の気持ちを表したい。

本書はそもそも『優駿』編集部の山上昌志さんがこの連載を任せてくれなければ誕生する

こともなかった。いやあ、血迷って断ったりしなくてよかった。

また、もし本書に通奏低音のような何かがあるとしたら、そのいくらかは連載を担当してくれた『優駿』編集部の田畑秀一さんから発せられているものだと信じている。

単行本化は三賢社の林史郎さんにお願いした。その林さんを紹介していただいた朝日新聞記者の有吉正徳さんをはじめ、尊敬する競馬ライターの方々の著書を、これまでにたくさん手掛けてこられた方。お任せしてよかったと心から思っている。


先日、ノーザンホースパークに電話で確認したところ、これを書いている現在も、ウインドインハーヘアは元気に暮らしているという。もう三〇歳。体を大事に。あなたの息子、みんな大好きですよ。

そして最後に、ディープインパクトに最大限の感謝を捧げたい。

本当に、ありがとう。

二〇二一年二月

軍土門隼夫

ディープインパクト
2002年3月25日生　牡　鹿毛
父サンデーサイレンス
母ウインドインハーヘア（父Alzao）

競走成績	14戦12勝
総収得賞金	14億5455万1000円
主な勝ち鞍	05 皐月賞
	05 日本ダービー
	05 菊花賞
	06 天皇賞・春
	06 宝塚記念
	06 ジャパンカップ
	06 有馬記念
受賞歴	05 JRA賞年度代表馬、最優秀3歳牡馬
	06 JRA賞年度代表馬、最優秀4歳以上牡馬

取材協力者（順不同、敬称略）

吉田勝已（ノーザンファーム）
中島文彦（ノーザンファーム）
横手裕二（ノーザンファーム）
安藤康晴（ノーザンファームしがらき）
秋田博章（キャロットファーム）
徳武英介（社台スタリオンステーション）
森田敬治（社台スタリオンステーション）
今泉玄（サラブレッドブリーダーズクラブ）
池江泰郎（元調教師）
西内荘（装蹄師）
高橋敏之（ＪＲＡ競走馬総合研究所）
ノーザンホースパーク
ＪＲＡ栗東トレーニングセンター

主な参考文献

『血と知と地』吉川良（ミデアム出版社、1999年）
『週刊 Gallop』臨時増刊『丸ごと POG2004 ～ 2005』（産業経済新聞社、2004年）
『カリスマ装蹄師西内荘の競馬技術―空飛ぶ蹄鉄をいかにデザインするか』
　城崎哲（白夜書房、2007年）
『真相 ディープインパクト、デビューから引退まで今だから言えること』
　池江敏行（白夜書房、2007年）
『21世紀の名馬 VOL.5「ディープインパクト」』（産業経済新聞社、2017年）
『21世紀の名馬臨時増刊　追悼ディープインパクト』（産業経済新聞社、2019年）

『優駿』（日本中央競馬会）
『週刊競馬ブック』（ケイバブック）
『週刊 Gallop』（産業経済新聞社）
『サラブレ』（KADOKAWA）

本書は、『優駿』の連載「名馬の一生　ディープインパクト」（二〇二〇年四月号から二〇二一年一月号）に加筆修正のうえ構成した。

軍土門 隼夫　ぐんどもん はやお

1968年生まれ、神奈川県出身。早稲田大学理工学部入学、第一文学部中退。『週刊ファミ通』編集部、『サラブレ』編集部を経てフリーとなる。現在、競馬ライターとして『優駿』『Number』などに寄稿。

衝撃《しょうげき》の彼方《かなた》 ディープインパクト

2021年3月25日　第1刷発行

著者　軍土門 隼夫

発行者　林 良二
発行所　株式会社 三賢社
〒113-0021　東京都文京区本駒込4-27-2
電話　03-3824-6422
FAX　03-3824-6410
URL　http://www.sankenbook.co.jp

印刷・製本　中央精版印刷株式会社

ISBN978-4-908655-18-0 C0075

三賢社の本

四六判上製 304P ＋カラー 8P
定価（本体 1700 円＋税）
ISBN978-4-908655-07-4

名馬を読む

江面弘也 著

名馬に歴史あり、歴史に名馬あり。

シンザン、ハイセイコー、テンポイント、トウショウボーイ、シンボリルドルフ、オグリキャップ、ナリタブライアン、ディープインパクト、ウオッカ、オルフェーヴル……。殿堂入りした 32 頭の蹄跡と、その馬を支えた人びとの物語。

名馬を読む 2

江面弘也 著

殿堂馬に負けないヒーロー、ヒロイン。

タニノチカラ、グリーングラス、カツラギエース、タマモクロス、ライスシャワー、ミホノブルボン、ホクトベガ、サイレンススズカ、アグネスタキオン、メイショウサムソン……。個性派も揃った、選ばれざる名馬 37 頭が紡ぐ至極の物語。

四六判上製 304P ＋カラー 10P
定価（本体 1700 円＋税）
ISBN978-4-908655-14-2